HISTÓRIA POLÍTICA
COMPARADA
da AMÉRICA LATINA

O selo DIALÓGICA da Editora InterSaberes faz referência às publicações que privilegiam uma linguagem na qual o autor dialoga com o leitor por meio de recursos textuais e visuais, o que torna o conteúdo muito mais dinâmico. São livros que criam um ambiente de interação com o leitor – seu universo cultural, social e de elaboração de conhecimentos –, possibilitando um real processo de interlocução para que a comunicação se efetive.

HISTÓRIA POLÍTICA COMPARADA da AMÉRICA LATINA

Ana Paula Lopes Ferreira
Leonardo Mèrcher

Rua Clara Vendramin, 58 . Mossunguê
CEP 81200-170 . Curitiba . PR . Brasil
Fone: (41) 2106-4170
www.intersaberes.com
editora@editoraintersaberes.com.br

Conselho editorial
    Dr. Ivo José Both (presidente)
    Dr.ª Elena Godoy
    Dr. Nelson Luís Dias
    Dr. Ulf Gregor Baranow
Editor-chefe
    Lindsay Azambuja
Editor-assistente
    Ariadne Nunes Wenger

Capa
    Charles L. da Silva
Projeto gráfico
    Bruno de Oliveira

Dados Internacionais de Catalogação na Publicação (CIP)
(Câmara Brasileira do Livro, SP, Brasil)

Mèrcher, Leonardo
    História política comparada da América Latina/ Leonardo Mèrcher, Ana Paula Lopes Ferreira. Curitiba: InterSaberes, 2015.

    Bibliografia.
    ISBN 978-85-443-0198-2

    1. América Latina – História 2. América Latina – Política e governo I. Ferreira, Ana Paula Lopes. II. Título.

15-03273   CDD-320.907

    Índice para catálogo sistemático:
1. América Latina: História política: Estudo e ensino 320.907

1ª edição, 2015

Foi feito o depósito legal.
Informamos que é de inteira responsabilidade dos autores a emissão de conceitos. Nenhuma parte desta publicação poderá ser reproduzida por qualquer meio ou forma sem a prévia autorização da Editora InterSaberes.
A violação dos direitos autorais é crime estabelecido na Lei n. 9.610/1998 e punido pelo art. 184 do Código Penal.

SUMÁRIO

Apresentação - 7

Como aproveitar ao máximo este livro - 9

Introdução - 13

1   O choque entre civilizações - 19

    1.1   Povos e civilizações na Mesoamérica e no Caribe - 23

    1.2   Povos e civilizações na América do Sul - 32

2   Interesses e fragmentações coloniais - 49

    2.1   A colonização da Mesoamérica e do Caribe - 55

    2.2   A colonização da América do Sul - 62

3   Processos de independência
e consolidação das novas nações - 85

    3.1   Processos de independência
na Mesoamérica e no Caribe - 91

    3.2   Processos de independência na América do Sul - 99

4   Movimentos internos e caminhos futuros - 157
   4.1   Revolução Mexicana - 160
   4.2   Revolução Cubana - 165
   4.3   Revolução Sandinista na Nicarágua - 169
   4.4   Governos militares e a guerra civil de El Salvador - 172
   4.5   As questões do Haiti - 176
   4.6   O populismo na América Latina: Cárdenas,
          Perón e Vargas - 178
   4.7   Revolução, regime militar
          e redemocratização na Bolívia - 182
   4.8   Governo militar no Paraguai - 186
   4.9   Governos militares na Argentina - 188
   4.10 Governo militar no Chile - 191
   4.11 Regime civil-militar no Uruguai - 196
   4.12 Regime militar no Brasil - 198
   4.13 Interferência estadunidense na América Latina:
          Operação Condor, invasão ao Panamá
          e Plano Colômbia - 201
   4.14 Processo de redemocratização e ascensão da esquerda
          na América do Sul - 208
   4.15 Cepal e a economia latino-americana - 213
   4.16 Processos de integração regional na América Latina
          e suas propostas futuras - 218

Para concluir... - 235
Referências - 239
Respostas - 247
Sobre os autores - 255

APRESENTAÇÃO

A história da América Latina é constituída por diversos processos políticos. Desde a época em que era habitada por povos pré-colombianos e, em seguida, com a colonização destes e os processos de independência que vieram e mais tarde consolidaram algumas democracias e outros regimes governamentais, a região abrigou o surgimento de diversas nações que hoje são representadas politicamente por Estados no cenário internacional.

Em respeito à diversidade e complexidade dessas muitas histórias políticas, no presente livro pretendemos expor, de forma breve e pontual, apenas alguns dos principais fatos e acontecimentos políticos que ocorreram na América Latina. Não há intenção de esgotar o assunto, nem mesmo de tangenciar todas as questões políticas ocorridas na história das nações latino-americanas, mas permitir uma compreensão comparada de sua construção como região diante da história, da política e das relações internacionais.

Como se trata de uma obra sobre a história da política das nações da América Latina, a presente abordagem está organizada em dois momentos de análise. No primeiro momento, você encontrará

uma exposição dos principais fluxos políticos entre os povos pré-
-colombianos, os choques com os colonizadores europeus e os
processos de construção e independência dos novos Estados-nações
latino-americanos. Já no segundo momento, poderá examinar alguns dos principais conflitos e movimentos políticos do século
XX, bem como as transformações políticas que contribuíram para
o atual cenário político no século XXI.

Este livro foi elaborado com o intuito de revelar ao leitor, de
modo simples e direto, os principais acontecimentos políticos da
América Latina, a fim de proporcionar uma melhor compreensão
sobre a atual situação dessa região. Aqui, fizemos uso da exposição
comparativa, ou seja, utilizamos um método que expõe dados e
fatos em uma sequência que apresenta os processos políticos como
parte de algo maior. O estudo da política comparada possibilita
realizar uma ampla leitura sobre os processos internos e nacionais,
chegando até as dinâmicas internacionais, o que instrumentaliza
novas percepções sobre a realidade construída na história. Assim,
podemos afirmar que esse é nosso objetivo principal com esta obra.

Como aproveitar ao máximo este livro

Este livro traz alguns recursos que visam enriquecer o seu aprendizado, facilitar a compreensão dos conteúdos e tornar a leitura mais dinâmica. São ferramentas projetadas de acordo com a natureza dos temas que vamos examinar. Veja a seguir como esses recursos se encontram distribuídos no decorrer desta obra.

Conteúdos do capítulo

Logo na abertura do capítulo, você fica conhecendo os conteúdos que nele serão abordados.

Após o estudo deste capítulo, você será capaz de:

Você também é informado a respeito das competências que irá desenvolver e dos conhecimentos que irá adquirir com o estudo do capítulo.

Estudo de caso

Esta seção traz ao seu conhecimento situações que vão aproximar os conteúdos estudados de sua prática profissional.

Síntese

Você dispõe, ao final do capítulo, de uma síntese que traz os principais conceitos abordados.

Questões para revisão

Com estas atividades, você tem a possibilidade de rever os principais conceitos analisados. Ao final do livro, os autores disponibilizam as respostas às questões, a fim de que você possa verificar como está sua aprendizagem.

Questões para reflexão

Nesta seção, a proposta é levá-lo a refletir criticamente sobre alguns assuntos e a trocar ideias e experiências com seus pares.

Para saber mais

Você pode consultar as obras indicadas nesta seção para aprofundar sua aprendizagem.

INTRODUÇÃO

A América Latina é uma região de grande diversidade de povos, culturas e processos históricos. Sua extensão territorial engloba um grande número de nações, as quais se identificam como *latino-americanas* por suas semelhanças sociopolíticas, econômicas e culturais. Em seus processos históricos, encontram-se povos e civilizações pré-colombianos que foram integrados aos processos de colonização europeia, os quais, após séculos de exploração, mobilizaram grupos locais e representantes em meio aos processos políticos da região. Com o surgimento e a consolidação de novos Estados-nações americanos, a América Latina presenciou uma crescente demanda por participação de diversos grupos políticos que resultam hoje nos recortes de poder regional. Essa diversidade faz os estudos de política latino-americanos ganharem cada vez mais espaço nos estudos contemporâneos de economia, arte, política e relações internacionais.

No decorrer da construção e consolidação dos atuais Estados latino-americanos, muitas dinâmicas se sucederam, internamente e nas relações internacionais, e passaram a contribuir para a formação dessa diversidade política no continente. Para compreender qualquer nação latino-americana atualmente, é preciso retornar à história política da região como fonte construtora das experiências culturais e econômicas. Diversas variáveis concorreram para a construção de elites políticas locais e movimentos internacionais, desde os fluxos entre as nações latino-americanas, passando pelo cenário internacional e os interesses de nações estrangeiras. Essas elites, interpretadas aqui como grupos de indivíduos que detinham o poder de decisão em suas comunidades, tanto no período pré-colombiano como no colonial e após os processos de independência, fizeram os Estados-nações latino-americanos trilharem o caminho em direção ao atual cenário político da região. Assim, podemos considerar que a própria denominação *América Latina* é fruto dessa construção.

Os primeiros registros dessa expressão encontram-se no século XIX. Em 1836, o economista e político francês Michel Chevalier, ao visitar o continente americano e estudar as relações entre México e Estados Unidos, sugeriu que haveria duas regiões americanas: uma com raízes na latinidade europeia e outra com raízes nas culturas anglo-saxãs. Com base nessa percepção, em 1856, o filósofo chileno Francisco Bilbao utilizou a expressão *América Latina* pela primeira vez para se referir à região latinizada nos processos de colonização. Essa expressão também foi empregada pelo escritor colombiano José María Torres Caicedo para significar um conjunto de precedentes culturais e de identificação entre diversos povos americanos no mesmo período.

O Imperador Napoleão III, durante a invasão francesa ao México, em 1862, contribuiu para a popularização dessa expressão entre as demais potências europeias e, desde então, diversos estudos e referências foram produzidos para descrever a região.

Essa expressão hoje representa toda uma região nas Américas composta por nações cujas origens históricas unem-se aos processos políticos, econômicos e culturais derivados da colonização latina, ou seja, das potências europeias, como Espanha, França e Portugal. Da colonização aos processos de independência, somam-se à história recente da região as lutas políticas internas e as dinâmicas do cenário internacional, como a Guerra Fria (1945-1991) e os processos de integração regional, as quais interferiram nos caminhos de suas nações.

Não se pode pensar na América Latina apenas como uma região composta por Estados cujas línguas oficiais derivam do latim (línguas românicas) ou que foram colonizados por potências latinas europeias, pois a região compartilha um palco de dinâmicas econômicas, culturais e de posicionamento no cenário internacional que reforça seus laços comuns.

A Organização das Nações Unidas (ONU) reconhece a existência geográfica de dois subcontinentes na América: a América do Sul e a América do Norte. Respeitando essa classificação, faz saber que a região da América Latina engloba a maioria dos Estados da América do Sul e boa parte dos da América do Norte – ao subdividi-la em Caribe e Mesoamérica (ou América Central mais o México).

Desse modo, pode-se delinear a América Latina dos limites ao extremo sul do continente, com Chile e Argentina, até as fronteiras do México com os Estados Unidos da América. Canadá e Estados Unidos não fazem parte da América Latina, tornando-se o limite norte da região. Faz-se necessário mencionar também Belize, Jamaica, Guiana e Suriname como Estados-nações que estão geograficamente na região, mas não apresentam bases culturais latinas. O caso da Guiana Francesa também se torna especial por ser território da França, sem constituir um Estado-nação na América do Sul.

Nota-se também que muitos desses Estados e territórios, em determinados momentos da história, tiveram uma colonização latina; contudo, no atual cenário político interno de suas nações, não compartilham um reconhecimento pleno com a região. Mesmo assim, essas nações não estão isoladas e, de forma pontual, assim como os Estados Unidos, acabam por interagir, em maior ou menor grau, com a trajetória política da América Latina.

Atualmente composta por 21 nações e 10 dependências, a América Latina conta com uma população estimada em 569 milhões de habitantes (Bval, 2015). Além das línguas românicas oficiais, como francês, português e espanhol, falam-se ainda nessa região quéchua, aimará, náuatle, guarani, *criollo*, haitiano e papiamento – desdobramento das culturas pré-colombianas que resistiram aos processos de colonização europeia, bem como do grande tráfico de escravos africanos, o que ampliou a pluralidade cultural e as bases econômicas históricas nesse continente. Tanto os povos pré-colombianos como os africanos tornaram-se a principal mão de obra a sustentar o desenvolvimento econômico da região ao longo dos processos de colonização.

Hoje a América Latina vive desafios em relação ao crescimento econômico, ao fortalecimento das relações regionais e à manutenção de seus símbolos e valores culturais diante da globalização. Questões como democracia, direitos civis, transparência e desenvolvimento econômico tornaram-se alguns dos principais pontos presentes nos debates políticos da região – muitos deles incorporados das agendas internacionais. Em sua trajetória histórica, os processos políticos, que recebem aqui um destaque maior, intercalaram-se entre regimes coloniais, populistas, centralizadores e liberais. Esse caminho diverso das nações latino-americanas pode ser compreendido como um reflexo comum à região. Desde os processos de colonização, iniciados no século XV, até a redemocratização das políticas nacionais, no final do século XX, a trajetória política da América Latina superou desafios comuns e valorizou suas identidades, buscando novas possibilidades para o desenvolvimento e posicionamento dentro das dinâmicas globais.

Nos próximos capítulos, que abordam a colonização e o desenvolvimento das nações na região, passando pelos processos de independência até chegar ao atual cenário conjuntural latino-americano, os estudos da história política serão firmados a fim de permitir ao leitor uma compreensão mais ampla, diferente do que seria caso fossem analisados de forma isolada. Para isso, faz-se necessária uma divisão da América Latina em três grupos regionais: Mesoamérica, Caribe e América do Sul. Ao separarmos essas duas grandes áreas de nações latino-americanas, poderemos expor dinâmicas de interação que, num segundo momento, formarão o cenário amplo de toda a América Latina.

Capítulo I

O CHOQUE entre CIVILIZAÇÕES

Conteúdos do capítulo

- Acontecimentos políticos na América Latina sob uma perspectiva histórica.
- Povos pré-colombianos existentes na América Latina.
- Organização política e social dos povos pré-colombianos.
- Primeiros contatos entre os povos pré-colombianos e os europeus.
- Povos da Mesoamérica, do Caribe e da América do Sul.

Após o estudo deste capítulo, você será capaz de:

- entender a organização social, política e econômica dos diversos povos pré-colombianos que habitavam o continente americano em diversas regiões;
- compreender as diferenças entre esses povos nativos e como cada população apresentava uma estrutura social e política hierarquizada, com crenças e cultura próprias;
- refletir a respeito de como se deu a chegada dos colonizadores no continente americano;
- compreender os primórdios dos processos de colonização e de escravidão dos indígenas;
- avaliar o impacto da chegada e do contato dos europeus com os povos nativos.

Neste capítulo, procuraremos expor de forma clara o cenário político latino-americano desde as origens de suas nações. Nessa busca ao passado, compreende-se que a própria denominação *América Latina* surgiu séculos depois das conquistas europeias sobre o continente americano. Assim, tentaremos tratar brevemente dos principais pontos relacionados ao desenvolvimento político da região diante dos processos de colonização europeia dos povos pré-colombianos. Observamos que nesse período teve início o choque entre os povos pré-colombianos e seus colonizadores europeus na Mesoamérica, no Caribe e na América do Sul, destacando-se as organizações políticas anteriores à conquista.

Desde os primeiros povos até a consolidação do Estado-nação, em meados do século XIX, a região que então ainda viria a ser compreendida como América Latina pelos europeus era chamada de *Novo Mundo* – um mundo para além dos valores e oportunidades encontrados na Europa.

Por séculos, civilizações nativas desenvolveram-se no continente americano e construíram estruturas políticas e sociais distintas das europeias. Essa diversidade cultural, os variados sistemas políticos e suas relações com os recursos naturais permitiram que houvesse um desenvolvimento de identidades e histórias próprias, desvinculadas por séculos das civilizações originadas na África, na Ásia e na Europa. A história dos povos pré-colombianos no continente americano, ou seja, a trajetória das civilizações e culturas americanas antes do contato com os europeus, desenvolveu-se de forma independente, criando estruturas sociais e políticas que correspondiam ao desenvolvimento da cosmovisão local, às necessidades desses povos em se adaptarem ao meio em que viviam e a suas expectativas em relação à interação com outros povos.

Diversos foram os grupos étnicos, povos e civilizações que surgiram nas Américas. Muitos mantinham relacionamentos entre si e criavam verdadeiros corredores culturais na região, como os astecas, na Mesoamérica, e os incas, na América do Sul. Com os processos de colonização, os antigos valores dos povos locais foram questionados pelos europeus, que, em muitas tentativas, buscaram suprimir as civilizações americanas. Espanha, Portugal, França, Inglaterra e Holanda foram as principais potências europeias responsáveis por liderarem um choque de civilizações no continente em busca de recursos para o Velho Mundo – a Europa. Com isso, novos ideais de desenvolvimento econômico foram inseridos no continente americano pelos colonizadores, e o mercantilismo, modo econômico da política dos Estados europeus vigente dos séculos XV ao XVIII, foi o principal modelo a justificar essa atuação exploratória e ofensiva aos povos locais.

Todavia, muito antes desses conflitos, as culturas nativas se desenvolveram adaptando-se ao meio, obtendo conhecimentos e criando artes e ofícios que seriam de grande importância para os colonizadores, tanto para que se adaptassem ao meio natural local da nova região como para o próprio dia a dia dos europeus em seu velho continente.

As culturas pré-colombianas nas Américas tornam-se um capítulo especial na história da América Latina. Suas heranças constituem muitos símbolos, valores e identidades dos Estados latino-americanos contemporâneos, definindo qualidades, desafios e interações na região e com o próprio sistema internacional. A percepção de povos atrasados, tão divulgada pela historiografia tradicional europeia, hoje é revista. São reconhecidos não apenas povos que foram vencidos e submetidos ao poder europeu, mas também suas riquezas e contribuições que permanecem até os dias de hoje nas dinâmicas político-culturais da América Latina.

De forma a tornar mais claro o conteúdo que trabalharemos nesta obra, vamos abordar a história dos povos pré-colombianos com base nos seus posicionamentos geográficos no continente e nas suas origens étnico-culturais. Na primeira etapa, iremos expor os principais povos que se desenvolveram na Mesoamérica e no Caribe, desde o atual território do México até chegar às fronteiras com o Panamá e a América do Sul. Na segunda etapa, trataremos dos principais povos que se desenvolveram na América do Sul, como os incas e os tupis. Ressaltamos que a diversidade de povos nessas regiões não permite que realizemos aqui uma análise aprofundada de todos; mesmo assim, o exercício de identificar costumes e organizações nos maiores grupos de identidade social certamente contribuirá para a compreensão dos demais grupos que se relacionavam regionalmente. Ao examinarmos de determinados povos e civilizações na América pré-colombiana, buscaremos resgatar as raízes das nações latino-americanas.

(1.1)
Povos e civilizações na Mesoamérica e no Caribe

Na América, mais especificamente na sub-região denominada *Mesoamérica* – que compreende o sul do México e os territórios de Guatemala, El Salvador, Belize, Nicarágua, Honduras e Costa Rica –, destacam-se cinco grupos civilizacionais pré-colombianos de fundamental importância pelas influências que exerceram sobre a América Latina contemporânea: olmecas, zapotecas, toltecas, maias e astecas.

Os olmecas e os zapotecas contribuíram para os modelos políticos das cidades-Estados e civilizações da região, bem como para o desenvolvimento contínuo da língua franca náuatle (*Nahuatl*), falada até hoje na região e cuja origem remonta aproximadamente a 2000 a.C. Mesmo com a chegada dos espanhóis à região, a língua náuatle continuou sobrevivendo, dadas as alianças entre os colonizadores e seus falantes de Tlaxcala, na região central mexicana. A importância dos olmecas, dos zapotecas e dos toltecas deve-se, sobretudo, a suas influências diretas no surgimento das duas grandes civilizações da Mesoamérica que receberam com resistência seus colonizadores: os maias e os astecas.

Na Figura 1.1 é possível observar como essas civilizações estavam distribuídas na Mesoamérica e no Caribe.

FIGURA 1.1 – DISTRIBUIÇÃO GEOGRÁFICA DAS CIVILIZAÇÕES PRÉ-COLOMBIANAS NA AMÉRICA

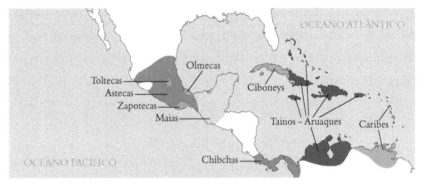

Os olmecas desenvolveram-se nas regiões tropicais do centro-sul do atual território mexicano e sua cultura alcançou o esplendor entre 1500 e 400 a.C. São considerados a civilização-mãe de todas as civilizações mesoamericanas que se desenvolveram

posteriormente. Sua posição geográfica, bem como uma intensa atividade agrícola, fez surgirem rotas comerciais entre outros povos, o que expandiu sua influência cultural para além de sua região de origem, abrangendo boa parte do atual México, da Guatemala e de El Salvador. Sua agricultura, com base no cultivo do milho, permitiu o desenvolvimento de uma organização política e social para gestão dos excedentes de produção, armazenamento e trocas com os povos vizinhos.

Com o enriquecimento das comunidades olmecas, surgiram classes dominantes – elites políticas[I] – responsáveis pela gestão de muitas atividades do cotidiano. A sua organização política fundamentada em reinos de cidades-Estados, fortemente hierarquizados, foi imitada por praticamente todas as civilizações mesoamericanas que se seguiram[II]. Segundo o pesquisador Miguel Covarrubias (1977, p. 27), os olmecas teriam criado os antecessores de muitas das divindades mesoamericanas mais tardias, influenciando a cosmovisão e, consequentemente, o comportamento social e político das civilizações locais. Os descendentes dos olmecas se espalharam entre povos e territórios vizinhos, disseminando valores, artes e domínios técnicos que contribuíram para o desenvolvimento da

---

I. As elites políticas são aqui entendidas como pessoas ou grupos que ocupam postos de destaque nas principais instituições do sistema político.

II. A cultura dos olmecas ficou registrada em diversos artefatos das artes decorativas, possibilitando reconstruir histórias e processos políticos, culturais e econômicos da região. Jade, obsidiana e magnetita eram os principais minerais tidos como preciosos e que sustentavam, além dos produtos agrícolas, as rotas comerciais na região. Nesses artefatos, é possível identificar, por exemplo, símbolos talhados e esculpidos da cosmovisão olmeca, como o culto à Quetzalcóatl (Serpente Emplumada), que se tornou uma das principais deidades de toda a região, como no caso dos astecas.

região. Os zapotecas, no atual litoral sul do México, teriam sido um desses povos vizinhos aos olmecas que se utilizaram de seu legado para ampliar suas áreas de influência nos séculos seguintes.

Desenvolvendo-se um pouco depois dos olmecas e resistindo às investidas dos povos vizinhos até a colonização espanhola, os zapotecas também contribuíram para a atual formação política e de identidade da região. Um de seus maiores símbolos da história recente é o presidente mexicano Benito Juarez (1806-1872), que se identificava como integrante dos povos zapotecas originários.

Ainda no período pré-colombiano, os zapotecas foram responsáveis pela popularização da escrita ampliada e do comércio – sustentado pelas produções tecelãs e oleiras –, possibilitando o surgimento de elites locais que desenvolveram políticas fiscais de impostos aos seus cidadãos. Essa rede administrativa em torno de impostos, agricultura e comércio trouxe uma diversidade de funções e subdivisões sociais de subsistência que deu um maior grau de complexidade e desenvolvimento à economia e à política na região.

A complexidade de funções diante dos desafios sociais crescentes resultou no fortalecimento de valores e manifestações culturais, como foi simbolizado por meio do panteão de deuses nativos, o qual – com um conjunto de divindades relacionado à vida comum, às funções sociais e à política – transferiu poderes para os sacerdotes, que, com as elites econômicas, formaram as elites políticas zapotecas. Os sacerdotes, em certa medida, compartilhavam poder com os demais integrantes das elites políticas sobre as decisões que determinavam os rumos da produção agrícola, a realização dos rituais e dos sacrifícios e a moral do convívio em comunidade. Os zapotecas mantinham, portanto, forte ligação com seus sacerdotes e celebravam diversos cultos com sangrias, sacrifícios de animais e também de humanos – que mais tarde seriam questionados pelos valores de seus colonizadores espanhóis.

Com o fortalecimento de outras civilizações na região, as rotas comerciais foram sendo perdidas e passaram a ser controladas por povos concorrentes, como os astecas. Assim, as sociedades zapotecas foram perdendo espaço na Mesoamérica, sendo pressionadas a simplificar suas estruturas sociais e a diminuir suas zonas de influência. Mesmo perdendo seu esplendor e domínio cultural sobre um vasto território, sua contribuição para a região ainda é viva e reside até hoje em agrupamentos ao sul do México. Na construção da nação mexicana, a cultura zapoteca teve um importante papel, visto que as principais cidades e conglomerados urbanos que existem hoje no México foram erguidos sobre as antigas cidades e vilas das civilizações subjugadas pelo poder espanhol.

Enquanto ao sul mexicano predominavam os zapotecas, os toltecas cresceram na região central do México. Originários dos povos que vinham dos desertos ao norte do atual México – como do Deserto de Chihuahua –, os toltecas surgiram como império resultante da união entre os chichimecas e os povos que habitavam a Bacia do México por volta do ano 700 d.C. O Império Tolteca expandiu-se junto aos povos vizinhos, desde o centro mexicano até as terras dos anasazi na América do Norte, e manteve sua expansão por rotas comerciais de produtos, como o mineral turquesa, que subsidiavam a forte influência cultural sobre os demais povos da região.

Os comerciantes toltecas, por exemplo, alcançaram a civilização maia por meio da cidade Chichén Itzá, na Península de Iucatã, influenciando as elites políticas locais: as dinastias maias passaram a defender que tinham ascendência direta dos toltecas por admirarem seu desenvolvimento técnico, artístico e social. Além de influenciarem os maias em ascensão, os toltecas consolidaram as bases da última grande civilização pré-colombiana na região: os astecas.

Sem dúvida, outros povos e civilizações menores existiram na Mesoamérica, mas as culturas olmeca, zapoteca e tolteca foram identificadas, ao longo da história, como centros de referência política e cultural. Essas três civilizações foram também fortes influências para as duas maiores civilizações da região: a maia e a asteca. Tanto os maias como os astecas influenciaram a maioria dos povos da Mesoamérica.

Enquanto os maias permaneceram centrados em sua região, dialogando com diversos povos por vias comerciais, os astecas mostraram-se expansionistas, o que resultou em boa parte dos choques de valores e das posturas políticas ocorridas após o início do processo de colonização espanhola na região. Com isso, se os maias já haviam entrado em processo de declínio mesmo antes da chegada dos espanhóis, os astecas gozavam de poder e espalhavam sua cultura por boa parte da Mesoamérica.

Quando os espanhóis aportaram no continente americano, a cultura maia estava em retração, localizando-se no atual território da Guatemala. Para muitos pesquisadores, o auge da civilização maia teria ocorrido entre 250 d.C. e 900 d.C., representando um predomínio de quase sete séculos na região. Os maias relacionavam-se, sobretudo, em sua origem, com os toltecas. Posteriormente, em seu auge, mantiveram relações com os zapotecas, absorvendo seus costumes ao mesmo tempo que os influenciavam. Em suas contribuições aos povos de sua zona de influência, os maias destacavam-se em função da língua escrita, da arquitetura, de diversas técnicas artísticas, da matemática, bem como de seus sistemas astronômicos, que facilitavam o cultivo e a exploração de recursos naturais. Ainda que a escrita e o calendário não tenham sido invenções maias na região, foi essa civilização que os aprimorou e expandiu seu uso entre os povos com os quais mantinha relações comerciais.

No seu auge, a civilização maia era uma das mais densamente povoadas e culturalmente dinâmicas sociedades do mundo (Painted..., 2009), influenciando as relações políticas, econômicas e sociais da região. Após retração das fronteiras de influência, em virtude do crescimento de outros povos e civilizações na região, a civilização maia entrou em contato com os astecas. Devemos observar que os povos maias nunca desapareceram, nem na época do declínio no período clássico, nem com a chegada dos conquistadores espanhóis à Península de Iucatã, em 1523.

Já a civilização asteca foi inicialmente formada por grupos étnicos que se identificavam por utilizar a língua náuatle ao centro do México. Num segundo momento da história, os astecas foram reconhecidos não apenas pelo idioma, mas por serem os povos que compunham o território da tríplice aliança entre as cidades de Tenochtitlan (atual Cidade do México), Texcoco – dos acolhuas – e Tlacopan – dos tepanecas. Essas três cidades aliadas, bem como todo o território por elas controlado, formavam o antigo Império Asteca, que floresceu entre 1325, data da fundação da cidade de Tenochtitlan, até 1521, quando o império foi conquistado pelos espanhóis com apoio dos povos locais que se indispunham em face do controle centralizador das três cidades. Mesmo derrotada, a estrutura asteca – tanto urbana como política – foi utilizada pelos espanhóis para promover a estabilidade da região no período colonial.

O Império Asteca sustentava-se por uma expansão tributária centralizada no Vale do México, mas que se estendia por boa parte da Mesoamérica e suas cidades-Estados. Muitas delas eram regiões, entrepostos e comunidades sob domínio cultural e econômico maia ou zapoteca. Os astecas avançaram sobre os territórios de suas civilizações vizinhas, isolando seus centros políticos e culturais em pequenos territórios até a chegada dos colonizadores europeus. Essa expansão exigiu uma centralização do poder nas três cidades do império. Por sua vez, a centralização trouxe insatisfação às elites locais conquistadas. Muitos produtores e comerciantes, que se viam subjugados pelos interesses astecas, passaram a alimentar um descontentamento que teria um papel crucial na derrocada do Império Asteca diante dos espanhóis.

Em 1521, o conquistador espanhol Hernán Cortés e outros grupos nativos, muitos dos quais descontentes com os astecas, invadiram a cidade de Tenochtitlan e depuseram Moctezuma II, então líder da Tríplice Aliança Asteca. Assim, o império foi enfraquecido e a Mesoamérica perdeu sua última grande resistência aos interesses coloniais europeus. As cidades astecas foram utilizadas para erguer novos centros de administração colonial do futuro Vice-Reino da Nova Espanha, e os líderes nativos dos povos que antes estavam sob o domínio asteca mantiveram muitos de seus privilégios como elites políticas locais em apoio à expansão colonial espanhola nos primeiros séculos desse processo.

Enquanto na Mesoamérica os astecas se desenvolviam e controlavam boa parte dos povos e suas cidades-Estados quando os espanhóis ali aportaram, no Caribe os povos mayoides, tainos, caraíbas, galibis e ciboneis mantinham um desenvolvimento político e social mais fragmentado. Cristóvão Colombo, primeiro explorador europeu a aportar nas Américas, deu início à conquista do Caribe. Após sua descoberta e contato com alguns dos povos nativos, muitos outros exploradores europeus vieram ao Novo Mundo para desbravar a região, como espanhóis, franceses, holandeses e britânicos. Alimentados por rivalidades de desenvolvimento e acúmulo de riquezas, os colonizadores rapidamente subordinaram os povos locais aos interesses e valores desenvolvidos nas dinâmicas histórico-políticas da Europa.

Essas potências europeias transformaram o Caribe em um verdadeiro cenário de choques de interesses políticos. Atos como o extermínio e a escravização de povos nativos, bem como a pirataria entre os navegantes europeus, marcaram o cenário colonial caribenho com sangue de batalhas nos mares pelo domínio do controle regional. A agricultura modesta e as formas políticas simplificadas dos povos locais acabaram por sucumbir aos interesses mercantilistas de suas metrópoles na Europa. Dada a escassez de registros escritos pelos próprios povos pré-colombianos caribenhos, a influência política não pode ser de todo medida, mas suas influências étnicas e culturais ainda sobrevivem, absorvidas pelas culturas e pelos valores trazidos pelos europeus e outros povos ali inseridos, como muitos africanos nos grandes tráficos de mão de obra escrava.

A política na região caribenha, que até hoje conta com muitos territórios sob administração de Estados europeus, foi recortada por interesses externos que não levaram em consideração povos e culturas locais. Pouco restou de seus nativos e grande foi a miscigenação étnica e cultural com seus colonizadores e com os escravos trazidos da África. Das regiões latino-americanas, o Caribe foi a primeira em que os interesses europeus se fizeram presentes e de forma violenta, sobretudo por esta ser uma região de escoamento das riquezas exploradas nos demais territórios americanos. As nações caribenhas, de modo geral, buscaram seus processos de independência mais tardiamente do que suas vizinhas da Mesoamérica e da América do Sul, o que pode servir como indício da forte presença política europeia e de seus interesses sobre a América.

(1.2)
Povos e civilizações na América do Sul

A história da América do Sul é marcada por processos de exploração, conflitos e certo grau de instabilidade política diante das dinâmicas internacionais. Desde a subordinação dos incas e dos demais povos nativos, os processos de colonização liderados pelos europeus, até as guerras de independência e as sucessivas ondas de ditaduras e redemocratização, construíram uma política regional instável na história moderna e contemporânea.

Apesar disso, embora muitas vezes a literatura estrangeira trate dos Estados do continente como resultantes de processos semelhantes de colonização e politicamente ligados no que diz respeito ao comportamento de suas elites políticas, seus processos políticos não ocorreram de forma homogênea, ainda mais em termos de métodos de política comparada. Seus povos nativos sofreram um grande extermínio, sobretudo onde não serviam como mão de obra à colonização, e as diferenças entre os modelos políticos de colonização espanhola e portuguesa também originaram recortes na região.

Diferentemente do que ocorreu com a Mesoamérica e com o Caribe, os europeus tiveram maior dificuldade para adentrar o interior do continente, sobretudo pela dimensão territorial e por suas barreiras naturais – a Cordilheira dos Andes, a Floresta Amazônica e os grandes desertos do Atacama e da Patagônia. Os mares e os rios tornaram-se os caminhos primários à exploração, que colocavam barreiras físicas às embarcações de alto-mar. Com isso, uma pequena diferença de tempo surgiu entre a exploração das civilizações da Mesoamérica e a exercida sobre as da América do Sul. Mesmo assim, espanhóis e portugueses, sobretudo, conseguiram adentrar o continente e superar muitas dessas barreiras naturais, confrontando-se com os povos nativos e reproduzindo divisões artificiais de territórios, ignorando identidades nativas locais.

Enquanto a civilização inca, mais complexa politicamente, desenvolvia-se na região da Cordilheira dos Andes, os povos dos planaltos e planícies do continente disputavam territórios e caracterizavam-se como culturas nômades e seminômades. A grande densidade da Floresta Amazônica encobria a fragmentação de diversos grupos étnicos que se desenvolveram com contatos moderados entre si. Já no interior do continente, os planaltos eram reduto de conflitos entre os povos expulsos do litoral atlântico – os grupos jês – pelos tupis e os nativos que ali já se encontravam, como os guaranis, que buscavam defender seus territórios. Para além da civilização inca, a maioria dos povos sul-americanos não dominava a escrita nem construiu grandes obras arquitetônicas que pudessem registrar narrativas visuais de sua cosmologia e de suas estruturas políticas. Muitos de seus registros permaneceram nas artes decorativas, na cultura oral ou nos registros enviesados dos colonizadores europeus que buscaram sua compreensão.

Na América do Sul, a civilização com maior complexidade social e domínio de ofícios foi a inca. Desenvolvida na região da Cordilheira dos Andes, o Império Inca (*Tawantinsuyu*, em quéchua) foi um Estado que resultou de uma sucessão de civilizações andinas e que se tornou o maior império da América pré-colombiana. A administração política e o centro de forças armadas do império ficavam localizados em Cusco, no atual Peru. De 1438 até 1533, os incas se utilizaram de vários métodos, da conquista militar à assimilação pacífica, para incorporar uma grande porção do oeste da América do Sul. Todavia, esses territórios não estavam vazios. Muitos dos povos locais que se colocavam no caminho da expansão inca eram convidados a aderir ao império – do contrário, tornavam-se inimigos a serem combatidos. Centrado na Cordilheira dos Andes, o Império Inca assim conseguiu se expandir por grande parte dos atuais Equador e Peru, sul e oeste da Bolívia, noroeste da Argentina, norte do Chile e sul da Colômbia.

Nesse movimento de expansão, esse império acabou por abranger diversos grupos culturais, resultando em uma necessidade de se relacionar com mais de 700 idiomas e derivações diferentes do quéchua – a língua original inca. Essa grande diversidade cultural, pouco a pouco, criou canais comuns por meio da cultura, do comércio e da relação entre os grupos de elite política de Cusco e os demais ao longo do território imperial. A elite política da capital se desenvolveu após as primeiras migrações de seus antepassados de diversas regiões da Cordilheira dos Andes para o atual Vale de Cusco.

Centrada na figura do então imperador Sapa Inca Manco Capac, aproximadamente nos séculos XI a XII, o império se desenvolveu no vale, ampliando as relações comerciais e o número de habitantes. Para administrar, de forma centralizada, Cusco mantinha uma divisão política do território conquistado em quatro *suyus* – ou as quatro regiões cardeais à capital. Cada *suyu* era administrada por um governador subordinado ao imperador, e as elites locais também se mantinham diretamente ligadas à elite política da capital ao realizarem casamentos entre si, perpetuando o controle do poder. Essa estrutura hierarquizada entre as elites criava uma sociedade piramidal, ou seja, submetida em camadas sobrepostas bem definidas de poder.

Os incas, que mantinham um forte investimento em estradas, pontes e interpostos, também promoveram a criação da "rodovia inca", idealizada para ser usada nas guerras, no transporte de bens e na manutenção do controle dos governadores e do imperador. Durante a construção dessa rodovia, diversos grupos foram conquistados e vários indivíduos foram transladados para outras regiões do império, como forma de diminuir resistências e motins futuros, promovendo uma intensa troca de informações e propagação da cultura inca. Contudo, grande parte do sul do império se manteve despovoada até as fronteiras naturais dos desertos do Atacama e da Patagônia. Se ao sul os desertos se mostravam uma barreira à expansão, ao leste a Floresta Amazônica também formava uma barreira natural inicial aos interesses expansionistas dos incas.

Dada sua extensão territorial, o Império Inca foi um mosaico de línguas, culturas e povos que não eram completamente leais – além disso, muitas das culturas locais das regiões conquistadas não foram totalmente assimiladas. No século XV, um pouco antes do contato com os europeus na região, o Sapa Inca Pachacuti era quem liderava o Império Inca a partir de Cusco. De modo geral, os incas sob o seu governo buscavam ampliar seu império tratando bem aqueles que dele se tornavam membros. Todavia, quando as forças de Cusco conquistavam novos territórios, os habitantes locais eram submetidos a tributações e funções designadas pela capital, e muitas relações entre a capital do império e alguns de seus povos conquistados não se mantinham de forma amistosa, o que favoreceu a conquista pelos espanhóis, que souberam explorar essas insatisfações.

Os conquistadores espanhóis, liderados por Francisco Pizarro, exploraram o sul do Panamá sob domínio dos povos chibchas e avançaram pela Cordilheira dos Andes, alcançando as terras incas no ano de 1526. Tendo contato com as riquezas locais, em 1529, Pizarro foi à Espanha em busca de apoio para explorar e manter a região sob seus cuidados. "Em julho de 1529, a rainha da Espanha assinou uma carta permitindo a Pizarro conquistar os Incas. Pizarro foi nomeado governador e capitão de todas as conquistas no Peru, ou Nova Castela como a Espanha agora chama as terras" (Somervill, 2005, p. 52). Enquanto Pizarro voltava à Espanha para pedir autorização de conquista da região andina, no Império Inca surgia uma disputa dinástica entre os dois filhos de Huayana Cápac.

As disputas pelo poder mergulharam o Império Inca em um período de crises internas, fragmentando apoios e rivalizando grupos em toda a sua extensão. As agitações nos territórios recém-conquistados, bem como surtos de varíola que se espalhavam desde a Mesoamérica, diminuíram significativamente a capacidade de resistência à conquista espanhola, quando Pizarro retornou com apenas 168 homens, um canhão e 27 cavalos.

Mesmo com pouca força de combate, os conquistadores contavam com experiências estratégicas de guerra e tecnologias desenvolvidas após séculos de batalhas contra as invasões dos islâmicos que a Península Ibérica sofrera. Além da superioridade tática e material, ainda acabaram adquirindo vários aliados entre os nativos que também queriam ver o fim do domínio inca sobre seus territórios.

O primeiro confronto foi a Batalha de Puna, perto da atual Guayaquil, na costa do Oceano Pacífico. Em seguida, Pizarro fundou a cidade de Piura, em julho de 1532, tornando-se ponto estratégico para as forças espanholas na região. Nesse tempo, o Sapa Inca Atahualpa havia vencido seu irmão e buscava se impor como novo imperador. Pizarro dirigiu-se ao novo imperador e fez-lhe uma proposta em que o Império Inca se submeteria aos interesses da Espanha. Não compreendendo a proposta, mesmo porque não reconhecia o poderio espanhol nem a Espanha, sequer a Europa, o Sapa Inca se recusou a se tornar cristão e a jurar obediência ao Rei Carlos I, o que resultou em um ataque espanhol à comitiva do imperador. Atahualpa foi feito refém político e, em agosto de 1533, foi executado. Com sua morte, iniciou-se a fragmentação política do Império Inca e, pouco a pouco, as *suyus* foram sendo subjugadas à Espanha.

Assim como os incas, outras culturas e povos se desenvolveram na América do Sul. Sem se submeterem à expansão territorial inca, e muitas vezes isolados de suas influências culturais, grupos de matrizes linguísticas se espalhavam de norte a sul no continente, criando regras e padrões políticos e sociais próprios. Desde as bacias hidrográficas do Orinoco e da Amazônia, perpassando os planaltos ao centro do continente, suas planícies e faixas litorâneas, grupos étnicos e culturais se expandiram ao sul, cruzando a Bacia do Prata e enfrentando as fronteiras dos desertos do Atacama e da Patagônia. Com uma adaptação ao meio em que viviam diferenciada em relação à dos incas, grupos nômades e seminômades criaram grandes extensões de povos com identidades culturais e técnicas semelhantes que rivalizavam pelo domínio dos territórios e de seus recursos naturais. Entre eles, podemos destacar os tupis, os jês e os guaranis.

Figura 1.2 – Distribuição dos povos pré-colombianos na América do Sul

Os tupis formavam um grupo com diversas subdivisões que se espalhavam pelo território do atual Brasil – como os tabajaras, os tamoios e os tupiniquins – e se identificavam pela matriz linguística tupi. Originalmente organizados nos vales dos rios Madeira e Xingu, afluentes da margem meridional da Bacia do Amazonas, os tupis se expandiram pelo atual litoral do Brasil. As tribos tupis, que sempre foram nômades, teriam iniciado sua migração em direção à foz do Rio Amazonas e de lá foram pelo litoral norte do Brasil, contornando as praias até chegar ao litoral sul, expulsando os grupos tapuias que encontraram refúgio no interior do continente por volta do ano 1000 d.C. (Bueno, 2003, p. 19). Os tapuias (nome que significa "não tupi"), por sua vez, eram formados por diversos povos.

Os europeus, que manifestavam uma forte tendência à simplificação, entenderam que no país havia apenas duas grandes "nações": tupis e tapuias. Os chamados *tapuias*, considerados pelos colonizadores portugueses como mais primitivos e difíceis de serem conquistados e catequizados, foram duramente combatidos e exterminados; muitos desses povos e tribos desapareceram de forma tão completa que nem sequer há registro direto de sua existência[III].

Os jês se encontravam, sobretudo, no interior do Brasil – uma vez que os tupis ocupavam praticamente todo o litoral atlântico. Esses povos indígenas se distinguiam de vários outros povos das terras baixas da América do Sul por apresentarem uma organização

---

III. No começo do século XX, os antropólogos passaram a rejeitar a denominação de tapuias, adotando a denominação de gês, que hoje são os chamados grupos jês. Mais tarde, entendeu-se que as línguas indígenas no Brasil se dividiam em dois grandes troncos – o tupi e o macro-jê –, agrupando-se os nativos da região em dois grupos, além dos guaranis ao centro-oeste e dos tupinambás ao norte do atual Brasil (Bueno, 2003, p. 19).

social bem definida, distribuída em aldeias circulares que indicavam seu grau social ou de parentesco de acordo com o espaço ocupado. Além disso, os povos jês ainda disputavam territórios com os nativos locais, como os guaranis, após serem expulsos das regiões mais ao litoral. Os guaranis, que no momento da chegada dos colonizadores europeus ocupavam parte dos atuais territórios do Paraguai, do sudeste da Bolívia, do norte da Argentina e do sudoeste do Brasil, foram perdendo seu território e fundindo-se à cultura de seus colonizadores. Os guaranis se distribuíam por grupos descentralizados de caçadores e agricultores seminômades e entravam constantemente em conflito com as incursões dos povos jês pelo interior do continente.

Em 1537, Gonzalo de Mendoza chegou ao Paraguai pelo atual território do sul do Brasil e, em seu retorno, fez contato com um grupo classificado como *guarani*. Lá, a cidade de Assunção foi fundada, tornando-se mais tarde a capital do Paraguai. A denominada *nação paraguaia*, como entendemos atualmente, teve seu início com a adoção de uma política de casamento entre europeus e mulheres guaranis, do território paraguaio, durante o governo de Gonzalo de Mendoza. Após os primeiros contatos entre exploradores e nativos na América do Sul, foi iniciado o processo de colonização e escravização dos grupos indígenas autóctones para o fornecimento de mão de obra para os mais diversos fins. Assim, diversos povos nativos sul-americanos passaram a ter de absorver a cultura e as orientações políticas da Europa, alterando profundamente o desenvolvimento da história política no continente.

Estudo de caso

Para compreender a importância do conteúdo exposto neste capítulo, apresentaremos aqui um breve estudo de caso sobre o Brasil. Atualmente um Estado, nosso país apresenta uma formação cultural diversificada, que busca representação nos órgãos e processos institucionais políticos da nação. Entretanto, alguns grupos nativos conseguiram se manter distantes dos processos de expansão das civilizações americanas e, posteriormente, da colonização europeia. Esse isolamento foi possível por meio de barreiras naturais – como florestas – e, com isso, diversos grupos mantiveram suas raízes culturais e políticas à parte da construção do Estado nacional brasileiro, o que hoje, com o advento da tecnologia e da expansão agrícola e com as expedições científicas, passou a ser um grande desafio à política nacional.

Não seria apenas privilégio do Brasil; diversos outros grupos de nativos que permaneceram isolados ou com pouquíssimo contato com as dinâmicas políticas e culturais de seus Estados residem hoje na América Latina. Políticas de proteção são definidas continuamente a esses povos, mas nem todos recebem o mesmo tratamento por parte dos governos nacionais. No Brasil, existe uma estrutura legal e o engajamento de diversos agentes sociais para a proteção do modelo de vida desses indivíduos como um direito fundamental do homem. Se durante o processo de conquista os colonizadores buscaram dominar, catequizar e inserir os grupos nativos em estruturas sociais e políticas sob os valores europeus, hoje podemos perceber que há preocupação em proteger os direitos dos herdeiros dos povos aqui referidos. Todavia, muitos ainda defendem sua incorporação à nação brasileira, percebendo nesses grupos algo de primitivo, com um julgamento errôneo equivalente ao do próprio colonizador.

O Brasil, assim como muitos outros Estados latino-americanos, permitiu um primeiro resgate da importância desses povos durante o século XIX, após os processos de independência. Sob influências dos movimentos nacionalistas e do romantismo, diversos povos pré-colombianos e não europeizados receberam atenção na construção da identidade nacional. Entretanto, foi apenas no século XX que os direitos à terra e à cultura se tornaram parte de um conjunto de medidas do governo nacional brasileiro para proteger muitos desses grupos, levantando até hoje diversos debates na sociedade e nas instituições políticas de governo.

Dessa forma, a responsabilidade de proteger a diversidade e as riquezas que ainda podem ser preservadas no Brasil e na América Latina esbarra nas políticas de desenvolvimento nacional, em interesses privados e em outras práticas sociais intolerantes e até mesmo preconceituosas contra grupos nativos não absorvidos. Portanto, é fundamental entender e valorizar os povos pré-colombianos e sua história para que no presente não se repitam os mesmos erros do passado.

Síntese

Neste capítulo, vimos, de forma breve, os principais pontos sobre o desenvolvimento político da América Latina diante dos processos de colonização europeia dos povos pré-colombianos em três regiões: Mesoamérica, Caribe e América do Sul, ressaltando-se questões políticas anteriores à conquista europeia. Para tanto, foi necessário lançar mão da observação de questões econômicas e culturais dos diversos povos que compunham o continente americano. Ao fazermos isso, percebemos que as sociedades raízes da América Latina apresentavam alto grau de complexidade, além de serem desenvolvidas em várias áreas e terem organizações sociais e políticas próprias.

A diversidade cultural, os sistemas políticos e o modo de organização dessas sociedades nativas permitiram o desenvolvimento de identidades e histórias próprias, as quais foram modificadas com o processo de colonização, o que levou a um choque dessas civilizações no continente, pois os valores dos povos locais foram questionados e suprimidos pelos europeus, que passaram a inserir na região da atual América Latina seus ideais de organização política e desenvolvimento econômico. Todavia, muito antes desses conflitos, as culturas locais se desenvolveram, adaptando-se ao meio e possibilitando a elaboração de conhecimentos, artes e ofícios que mais tarde se tornariam de muita importância para os colonizadores, tanto para que estes se adaptassem àquele meio natural local quanto para o próprio dia a dia dos europeus em seu velho continente.

Utilizando-se de cidades, aldeias, estradas, costumes e organizações sociais dos nativos, os europeus buscaram facilitar o processo de conquista do Novo Mundo. Dessa forma, os povos nativos das Américas tiveram um encontro com uma cultura exógena, externa à sua cosmovisão. Os europeus não faziam parte das dinâmicas sociais e culturais locais. Não se pode, no entanto, compreender que eles trouxeram o desenvolvimento e a civilização aos povos americanos, mas apenas que seus conceitos e valores de desenvolvimento e civilização foram impostos a grupos já adaptados aos meios em que se inseriam. Os interesses dos colonizadores não foram compreendidos de forma plena pelos povos e civilizações locais, e o choque entre as civilizações pré-colombianas e as europeias deu-se de forma intensa.

A escravidão de muitos desses povos nativos – quando não dizimados por guerras e doenças trazidas por colonizadores – foi estabelecida como modelo de exploração econômica para o enriquecimento de suas metrópoles europeias. Os processos de colonização das regiões que comporiam a atual América Latina foram erguidos sobre as ruínas das civilizações maia, inca e asteca. Aos povos tidos como selvagens – caribes, aruaques, tupis, jês e guaranis – restou a civilização dos valores cristãos ocidentais construídos sobre o extermínio. Assim, o contato entre europeus e nativos não pode ser descrito apenas como uma interação entre povos, mas como uma conflituosa imposição de fronteiras artificiais e valores aos povos e à história política local.

Durante o período pré-colombiano, ou seja, do desenvolvimento dos povos até a chegada dos europeus, a América tinha civilizações e grupos étnicos que desenvolveram práticas políticas. É difícil identificar os níveis de interação entre muitos desses grupos, mas, no caso de grandes civilizações como a inca, a maia e a asteca, a política era fundamental para que sobrevivessem. Em uma análise comparada, a política europeia não era superior ou evoluída. A conquista das Américas trouxe consigo alguns compartilhamentos de interesses de elites fundamentais no processo de expansão e manutenção da colonização europeia no Novo Mundo. Assim, novos valores e estruturas políticas se instauraram sobre antigas dinâmicas políticas americanas, iniciando-se um novo período na história da região.

Questões para revisão

1) Quais são as principais características sociais dos zapotecas?

2) Os olmecas, os zapotecas e os toltecas foram três das principais civilizações originais da Mesoamérica. Em comum, esses povos têm a influência que receberam das civilizações maia e asteca. Discorra sobre a influência que esssas civilizações (maia e asteca) exerceram em outras civilizações da Mesoamérica.

3) Os povos pré-colombianos e suas características podem ser considerados primitivos, tal como entendidos pelos seus colonizadores europeus?

   a) Sim, pois os povos americanos não dominavam as tecnologias dos europeus nem apresentavam características sociais, como organização social hierárquica e sistema político.
   b) Sim, eram primitivos e por isso foram conquistados.
   c) Não, muitos dos povos pré-colombianos constituíam civilizações complexas, além de disporem de conhecimentos específicos que os europeus não detinham.
   d) Não, os europeus é que eram primitivos na qualidade de civilização.
   e) Nenhuma das alternativas anteriores está correta.

4) Assim como os europeus, as civilizações pré-colombianas também estavam em processo de expansão territorial. Quais foram os principais povos mesoamericanos que interagiram com o Império Asteca em sua expansão?

a) Maias e zapotecas.
b) Maias e tupis.
c) Maias e zolmecas.
d) Maias e incas.
e) Nenhuma das anteriores.

5) Na América do Norte, mais especificamente em sua sub-região denominada *Mesoamérica*, podemos destacar cinco grupos civilizacionais pré-colombianos de fundamental importância no que diz respeito à influência que exercem sobre a América Latina contemporânea: olmecas, zapotecas, toltecas, maias e astecas. Destes, os olmecas são considerados a civilização-mãe de todas as civilizações mesoamericanas que se desenvolveram posteriormente. Sobre as principais características dessa civilização, é correto afirmar:

a) Ao contrário do que os europeus acreditavam, os olmecas não eram um povo atrasado, tendo desenvolvido várias áreas do conhecimento, além de rotas comerciais que permitiam o intercâmbio econômico entre os povos, fundamentadas principalmente no escambo de produtos agrícolas.
b) Os olmecas tinham uma organização social e política hierarquizada própria, com base em reinos e cidades-Estados.
c) As elites olmecas locais desenvolveram políticas fiscais de impostos aos seus cidadãos.
d) Todas as alternativas estão corretas.
e) Todas as alternativas estão incorretas.

Questões para reflexão

1) Os incas formaram a maior civilização pré-colombiana da América do Sul, sendo a mais complexa politicamente, mas havia também diversas outras civilizações na região. Discorra sobre alguns dos povos pré-colombianos da América do Sul.

2) Comente sobre o povo maia e seu desenvolvimento na região que hoje corresponde ao norte da Guatemala, a Honduras e ao sudeste mexicano.

3) A Mesoamérica, o Caribe e a América do Sul apresentaram desafios distintos para a exploração dos europeus desde a chegada destes. Com base nesse contexto, comente sobre as dificuldades dos europeus ao adentrarem o território da América do Sul.

4) Discorra sobre os povos indígenas jês que viviam na América do Sul.

Para saber mais

MANZANILLA, L.; LUJÁN, L. L. (Org.). **Historia antigua de México**. 2. ed. México: Inah & IIA/Unam & Miguel Ángel Porrúa, 2001. 4 v.

Nessa coleção, publicada em quatro volumes, o leitor encontrará textos de diferentes áreas das ciências humanas (história, antrolopologia, linguística, entre outras). A obra foi idealizada pelo Instituto Nacional de Antropología e Historia do México e pelo Instituto de Investigaciones Antropológicas da Universidad Nacional Autónoma de México e traz estudos dedicados à Mesoamérica, apresentando perspectivas diferentes sobre a mesma temática.

Os três primeiros volumes estão organizados cronologicamente com base na seguinte periodização da histórica da Mesoamérica: Pré-Clássico, Clássico e Pós-Clássico. O quarto e último volume se diferencia dos demais por apresentar artigos temáticos sobre aspectos culturais mesoamericanos, como desenvolvimento tecnológico, escrita e astronomia.

Indicamos a coleção para aqueles que pretendem aprofundar seus conhecimentos sobre os povos pré-colombianos, sendo esta uma das obras mais completas já publicadas sobre esse tema.

Capítulo 2

INTERESSES
e FRAGMENTAÇÕES
COLONIAIS

Conteúdos do capítulo

- Início do processo de colonização europeia na América Latina.
- Consolidação e início das fragmentações coloniais.
- Criação de vice-reinos e capitanias e surgimento das elites econômicas locais.
- Contextualização das raízes do recorte político americano e atrelamento das fronteiras econômicas com as políticas.

Após o estudo deste capítulo, você será capaz de:

- refletir sobre os motivos que levaram à fixação de colônias europeias no continente latino-americano;
- identificar as diferenças entre os processos de colonização dos impérios português, espanhol, francês e inglês;
- compreender o sistema político e econômico das colônias e a relação destas com os países (impérios) dominantes;
- entender as disputas existentes entre as potências europeias pela dominação dos territórios da América Latina.

Quando o encontro entre os europeus e os povos pré-colombianos aconteceu, o interesse mútuo de aprender e ampliar os ganhos por meio das relações entre civilizações foi substituído pelos interesses de conquista, defesa e exploração no continente americano. Saques, genocídios, escravização, violências culturais e delimitação de fronteiras artificiais sobre diversos povos e seus territórios se tornaram uma regra europeia ao lidar com o Novo Mundo.

Podemos afirmar que houve praticamente uma tentativa de apagar das Américas qualquer que fosse a presença política, social e cultural de seus povos nativos que questionassem os valores e interesses europeus. Nos processos coloniais, após a conquista dos territórios e povos nativos, os europeus se dividiram entre aqueles que defendiam uma perspectiva de salvadores dos povos ingênuos, levando a eles os valores cristãos, e aqueles que orientavam suas ações pelas necessidades e ordens político-econômicas das nações europeias no sentido de ampliar suas riquezas e poder diante das demais potências concorrentes. Em ambos os casos, ocorreram violações.

No presente capítulo, vamos tratar dos processos de instauração dos regimes coloniais nas Américas, bem como da organização e do surgimento de novas elites políticas regionais que foram mais tarde fundamentais para o processo de independência dos atuais Estados latino-americanos. Os espanhóis começaram as suas explorações pelo Ocidente com a descoberta das "Índias ocidentais" por Cristóvão Colombo. Em 1492, iniciaram imediatamente a colonização do continente americano. Os portugueses alcançaram o Novo Mundo em 1500, com Pedro Álvares Cabral, enquanto França, Holanda e Grã-Bretanha se lançaram ao mar alguns poucos anos depois.

Os territórios espanhóis nas Américas foram então divididos em vice-reinos, conforme se ampliava a conquista sobre povos e civilizações locais. Já os franceses e os portugueses mostravam-se centralizadores, mantendo um forte controle sobre possíveis autonomias e elites econômicas ou políticas locais. Essa variação entre autonomia e centralização das colônias demarcou as fronteiras nacionais da atual América Latina. No caso dos vice-reinos espanhóis, nem todos foram criados ao mesmo tempo, sob os mesmos interesses. De modo geral, podemos afirmar que existiram: o Vice-Reino da Nova Espanha; o Vice-Reino da Nova Granada; o Vice-Reino do Peru; e o Vice-Reino do Prata. Tanto o Vice-Reino da Nova Espanha como o Vice-Reino do Peru foram os dois principais a centralizar, no início do processo de colonização, as políticas de exploração espanhola.

Figura 2.1 – Mapa da América Latina no período colonial

1. Colônias do Reino Unido da Grã-Bretanha
2. Nova França, Haiti e Guiana - França
3. Guiana Holandesa (Suriname) - Holanda
4. Vice-Reino da Nova Espanha - Espanha
5. Vice-Reino da Nova Granada - Espanha
6. Vice-Reino do Peru - Espanha
7. Vice-Reino do Prata - Espanha
8. Brasil - Portugal

O Vice-Reino da Nova Espanha se expandia pelos domínios das civilizações conquistadas na América do Norte, na Mesoamérica e no Caribe, alcançando, inclusive, as Ilhas Filipinas na Ásia. Já o Vice-Reino do Peru se expandia pelos domínios das civilizações conquistadas na América do Sul, os quais, ao longo dos séculos de exploração, foram seccionados em Vice-Reino do Prata (ao sul) e Vice-Reino da Nova Granada (ao norte). Essa fragmentação administrativa criou pequenos grupos locais burocráticos e econômicos, os quais, por conseguinte, transformaram-se em grupos de elites políticas e econômicas que se tornaram fundamentais nos processos de independência.

No caso de Portugal, suas investidas exploratórias e colonizadoras no Novo Mundo foram limitadas à América do Sul, mais especificamente ao atual Brasil. De forma mais centralizada do que o governo espanhol, Portugal manteve toda a colônia administrada apenas com a interseção de Salvador e, posteriormente, do Rio de Janeiro. A centralidade administrativa da colônia lusitana, por meio de uma única cidade, facilitava a unidade de exploração, ao mesmo tempo que dificultava a criação de diversos grupos econômicos e políticos ao longo do território conquistado.

No caso da França, as primeiras tentativas de colonização nas Américas geraram conflitos diretos com os portugueses e os espanhóis. França, Holanda e Grã-Bretanha tiveram de se contentar com pequenos territórios na região da atual América Latina, abrindo grandes frentes de disputas no norte da América do Norte e em outros continentes, como África e Ásia.

Devemos lembrar que a exploração do Novo Mundo foi acordada entre Espanha e Portugal com intermediação da Igreja

Católica e, quando França, Holanda e Grã-Bretanha se lançaram ao mar em busca de novas terras, tiveram de desafiar os poderes espanhóis e portugueses que já haviam se estabelecido em boa parte do continente americano. Nas tentativas de 1555, no Brasil, e de 1564, no atual Estado da Flórida (Estados Unidos), os franceses não tiveram sucesso com virtude da ofensiva dos portugueses e dos espanhóis, que expulsaram seus colonos e intensificaram os fortes de defesa e as políticas de povoamento. Assim, França, Holanda e Grã-Bretanha optaram por investir nas conquistas de pequenos trechos litorâneos, ilhas e arquipélagos mais vulneráveis, bem como por financiar a pirataria contra navios – sobretudo espanhóis – que saíam do continente americano em direção à Europa.

(2.1) A colonização da Mesoamérica e do Caribe

A colonização da Mesoamérica e do Caribe foi marcada por diversos choques de interesses das potências europeias, tanto com os povos nativos como entre si. Havendo na porção continental da América Central e do México um grande predomínio da colonização espanhola, outras potências, como França, Holanda e Inglaterra, interferiram nas dinâmicas políticas da região. Em 1519, as civilizações nativas do México foram invadidas pela Espanha e, dois anos mais tarde, em 1521, a capital dos astecas, Tenochtitlan, foi conquistada por uma aliança entre espanhóis e tlaxcaltecas, principais inimigos locais do Império Asteca. Em 1517, Francisco Hernández de Córdoba explorou a costa do sul do México, seguido por Juan de Grijalva, em 1518. A primeira grande expedição, em número de embarcações e de investimento envolvido, foi realizada por Pedro de Alvarado, em 1523, que entrou pelo território maia (atual Guatemala), onde encontrou forte resistência, razão pela qual a conquista não pôde ser completada até 1544.

Esses primeiros exploradores conseguiram dados importantes sobre os povos nativos e a cartografia das regiões. Podemos considerar que um dos mais importantes deles foi Hernán Cortés, que iniciou o processo de exploração na Mesoamérica em 1519, quando rebatizou uma vila nativa costeira com o nome cristão *Puerto de la Villa Rica de Vera Cruz*, atual cidade de Veracruz. Contrariamente ao que se costuma pensar, a Espanha não conquistou a totalidade do México em 1521, e passariam ainda dois séculos antes que isso acontecesse, havendo durante esse período rebeliões, ataques e guerras continuadas por parte de outros povos nativos contra os espanhóis.

Os astecas se destacavam como a civilização mais complexa e fortalecida da região no período da chegada dos espanhóis à Mesoamérica. Se inicialmente receberam os espanhóis de forma diplomática – possivelmente pela crença de que esses europeus eram os descendentes dos sacerdotes de Quetzalcóatl ou enviados de seus deuses –, logo que perceberam que se tratava apenas de um novo povo em busca de conquistas, os conflitos e os choques entre as duas civilizações começaram a ocorrer. Após uma importante batalha em 1519, na qual as forças espanholas foram derrotadas, os espanhóis se reagruparam fora do Vale do México e angariaram apoio de outros povos nativos descontentes com o Império Asteca.

Além do apoio de nativos, os espanhóis haviam também disseminado doenças europeias em seu contato com os povos nativos, como a gripe e a varíola, que impactaram os contingentes astecas e contribuíram para a derrota destes. Após sete meses de cerco ao Vale do México, os espanhóis conquistaram a cidade capital asteca de Tenochtitlan, em 1521. Com vantagens tecnológico-militares, como armas de fogo, com a disseminação de doenças exógenas e com o apoio de povos rebeldes submetidos ao império, como os tlaxcaltecas, a última civilização da Mesoamérica pré-colombiana foi conquistada e subjugada aos interesses de sua nova metrópole: a Espanha.

Em 1535, o governo espanhol declarou posse sobre os territórios da Mesoamérica, do Caribe e da América do Norte e os denominou de *Vice-Reino da Nova Espanha*, o qual se estendia desde os atuais territórios dos Estados do Arizona, da Califórnia, do Colorado, de Nevada, do Novo México e de Utah, nos Estados Unidos, até a Costa Rica, na América Central, e ainda mais tarde veio a expandir-se até o arquipélago das Filipinas, na Ásia. Sua capital colonial administrativa era a Cidade do México, antiga capital do Império Asteca e atual capital do México.

A dinastia europeia dos Habsburgos, responsável pelas políticas espanholas, iniciou sua expansão nas Américas e criou o que ficou conhecido como *Império Mundial Espanhol*, governando-o de 1516 a 1714. Assim, os territórios das civilizações maia, asteca e tantas outras da região passaram para o domínio espanhol dos Habsburgos, que se utilizaram das estruturas construídas pelos antigos povos, como entrepostos e estradas, para expandir e manter a estabilidade no vice-reino.

Tendo de se organizar entre dois ramos dinásticos (o espanhol e o austríaco), os Habsburgos se mantinham em uma dinâmica política que sobrevivia em razão de ambos os ramos terem certa autonomia em seus respectivos territórios dentro da Europa, mas sem perder sua unidade. Por experiência política própria, os Habsburgos da Espanha acabaram permitindo certo grau de autonomia e liberdade às administrações coloniais do Vice-Reino da Nova Espanha.

Isso se deu por fundamentarem o poder colonial espanhol sobre as estruturas institucionais das sociedades pré-colombianas conquistadas com apoio de diversos líderes nativos, os quais eram tratados como senhorios e estavam integrados em outros corpos políticos mais ou menos desenvolvidos, como as Alianças Tlaxcaltecas, as Coligações Maias no Iucatã e em Chiapas, o Reino Purepecha de Michoacán e o próprio Império Asteca em declínio. Assim, a dinastia dos Habsburgos permitiu que elites locais pré-colombianas mantivessem seus poderes de gestão local submetidos, apenas, aos grandes interesses do Império Mundial Espanhol.

Com o tempo, as populações locais foram retiradas do controle de suas terras e passaram a servir aos interesses de novos colonos espanhóis que vinham às Américas para produzir produtos agrícolas ou explorar minerais. A maior parte das terras logo foi dominada por proprietários espanhóis e seus descendentes brancos – os *criollos*[1]. Na realidade, a política e a economia colonial do México, do Caribe e dos demais Estados que faziam parte do Vice-Reino da Nova Espanha eram totalmente dominadas pelos europeus, salvo pequenas subsistências em povoados mais remotos. A seguir, vinham os mestiços e os povos indígenas, que ocupavam o degrau

---

1. *Descendentes dos espanhóis nascidos na colônia e que não gozavam dos mesmos direitos que os nascidos na Espanha. Na América espanhola, o termo era então usado como sinônimo para todo aquele que nascesse fora de seu país de origem.*

mais baixo da sociedade de direitos. Entretanto, os líderes indígenas conservaram o seu *status*, posição e privilégios por muitos anos até se perderem pela miscigenação com os colonos. Além disso, os "usos e costumes", com exceção do sacrifício humano, mantiveram-se praticamente intactos, como a alimentação, as artes decorativas e as superstições.

Ao terem contato com os senhorios nativos, uma das ações imediatas por parte dos conquistadores foi a proibição de sacrifícios humanos e a introdução da moral e do sistema de valores judaico--cristão. A evangelização da população indígena não foi imediata, mas um processo lento e árduo que demandou muita perseverança e criatividade por parte dos missionários, levando boa parte do século XVI para se completar.

Ao contrário do que se pode crer habitualmente, a evangelização dos índios não foi um processo apenas a "ferro e fogo". A consolidação do Império Espanhol na Nova Espanha requeria estabilidade política e social diante das diversas investidas das potências europeias em direção às demais conquistas espanholas. A imposição dos valores culturais sobre a diversidade dos povos locais exigiu estratégias mais amplas e eficazes diante do consenso entre tais povos, garantindo muito mais o controle econômico dos produtos interessantes à comercialização pela Espanha com os demais Estados europeus.

A exploração mineral, bem como de madeira e agrícola, marcou a colonização espanhola no Vice-Reino da Nova Espanha. Todavia, a ação econômica gerou a formação de grupos administrativos e famílias que, de forma consentida ou arbitrária (imposta pela Coroa Espanhola), enriqueceram e passaram a ter um importante peso nas sociedades locais. Juntamente com os líderes nativos absorvidos pela estrutura colonial, os grupos de elite política e econômica foram determinantes no caminhar do Vice-Reino da Nova Espanha. O sincretismo religioso entre o cristianismo e os rituais e cosmovisões pré-colombianos, pouco a pouco, possibilitou que construíssem uma cultura própria, nem nativa, nem espanhola, e que se tornaria as bases das nações latinas mesoamericanas. México, Guatemala, El Salvador, Costa Rica, entre outros Estados da região, chegaram aos processos de independência após o fortalecimento desses grupos, que não necessariamente se mantinham em harmonia de interesses.

Todavia, ao longo dos séculos de exploração espanhola na região, diversas investidas das potências concorrentes, como França e Grã-Bretanha, ocuparam regiões do Vice-Reino, resultando em novos territórios que se distanciaram do que hoje compreendemos como *América Latina*. Na Mesoamérica, as investidas britânicas conquistaram o atual território de Belize e de muitas ilhas caribenhas. Dada a extensão territorial do Vice-Reino da Nova Espanha, muitas regiões não receberam investimentos – ou atenção – necessários para que pudessem desenvolver-se e contribuir com a economia espanhola. Percebendo uma oportunidade, as potências estrangeiras passaram a investir contra as forças espanholas – quando presentes – nessas regiões.

Já no Caribe, ilhas como Hispaniola foram conquistadas dos espanhóis por suas concorrentes, como a França. Tanto Belize como Haiti (que ocupa a metade oeste da ilha Hispaniola) seriam territórios perdidos da Coroa Espanhola para os britânicos e os franceses – mas não seriam os únicos. A ocupação das atuais Ilhas

Cayman, da Jamaica, da Bahamas, das Martinica, de Guadalupe, de Anguilla, das Ilhas Virgens, de Turks e de Caicos, entre outros territórios ocupados pela Holanda e pela Dinamarca, marcou o declínio territorial do Vice-Reino no Caribe.

Contudo, a maior ilha da Mesoamérica foi mantida como posse dos espanhóis até seu processo de independência: Cuba. Em 1492, Cristóvão Colombo aportou na ilha de Cuba, que se tornou território espanhol. Habitada por povos aruaques e ciboneis, os espanhóis colonizaram a ilha que veio a ser a principal porta de entrada das frotas espanholas para o litoral americano. Em 1510, o governo espanhol criou a Capitania Geral de Cuba, constituída pela ilha de Cuba mais os territórios conquistados na região da Flórida e da Luisiana (atual Estados Unidos), sob domínio geral do Vice-Reino da Nova Espanha.

Diego Velázquez se tornou o primeiro governador da Capitania, que cresceu em número de vilas por meio da exploração do tabaco e do açúcar. As populações nativas foram se miscigenando com os colonizadores, bem como, em alguns casos, exterminadas em conflitos. Com a perda do número de habitantes na ilha, a exploração de riquezas e a produção agrícola enfrentaram um grande problema já no século XVII.

A demanda europeia pela produção de tabaco e açúcar e pela exploração de minerais exigiu uma solução que foi encontrada na implementação da mão de obra escrava trazida do continente africano. Assim, utilizou-se dessa mão de obra para aumentar o número da produção de riquezas destinadas à metrópole espanhola. O ritmo de crescimento desejado pelos colonos foi mantido, e a Espanha poderia gozar por mais alguns séculos de seu modelo colonial. Os franceses também utilizaram mão de obra traficada da África para muitas de suas colônias, como no caso de Haiti, Guadalupe e Martinica. Dentre as colônias francesas no Caribe, o Haiti tornou-se a mais ativa economicamente e extremamente dependente dessa mão de obra.

Em 1664, com a fundação da colônia de Saint-Domingue, na metade ocidental da ilha Hispaniola, os franceses conseguiram tomar metade da ilha dos espanhóis, que permaneceram com o lado leste. O Haiti se tornou a mais rica colônia francesa do Caribe por conta da produção de açúcar. A inserção de escravos africanos para sustentar o ritmo de produção e os investimentos franceses gerou uma quantidade populacional étnica desproporcional. O elevado número de africanos e seus descendentes na colônia levou, cada vez mais, à necessidade de uma administração centralizadora e violenta em relação aos perigos de uma rebelião. Os senhores coloniais franceses começaram então a perder o controle da situação, sendo questionados por meio de uma onda de protestos violentos que marcariam a independência da primeira nação latino-americana – à qual se sucederam diversas outras.

(2.2)
A colonização da América do Sul

Como visto no Capítulo 1, na época pré-colombiana, diversos povos habitavam a América do Sul, destacando-se os incas, os jês, os guaranis e os tupis. Inicialmente, a América do Sul foi dividida entre espanhóis e portugueses em acordos internacionais mediados pela Igreja Católica, como a Bula Inter Coetera, de 1493 (pelo Papa Alexandre VI), e pelo Tratado de Tordesilhas, de 1494. Com o tempo, investidas francesas, britânicas e holandesas ocorreram na região, questionando esses tratados e o monopólio político de Espanha e Portugal. Nem todas essas tentativas obtiveram sucesso, porém, ainda hoje, França e Grã-Bretanha mantêm territórios ultramarinos no continente, como a Guiana Francesa e as Ilhas Falklands (Malvinas). França, Holanda e Grã-Bretanha se mantiveram em contato direto com os processos de colonização e expansão espanhola e portuguesa. Entretanto, os amplos limites das colônias da Espanha e de Portugal na América do Sul, diferentemente da Mesoamérica e do Caribe, indicam um maior sucesso dessas duas potências ibéricas em seus processos de conquista e manutenção de seus interesses.

Podemos afirmar que a colonização recente das Américas se iniciou com os descobrimentos e com a exploração das Ilhas Canárias pelos portugueses, no princípio do século XIV. Pedro Álvares Cabral, que buscava alcançar as civilizações asiáticas para além da Pérsia, aportou no Brasil em 1500. Assim, a partir de 1534, iniciou-se, de fato, a colonização do Brasil por meio das capitanias hereditárias, divididas entre nobres portugueses. Entretanto, por mais que o território brasileiro tivesse sido dividido em capitanias, seu povoamento foi extremante baixo, permitindo saques e investidas de potências como a França e a Holanda no litoral. Tentando proteger seus interesses, Portugal buscou ampliar a vigilância de sua colônia por meio da instalação de uma sede administrativa na região.

Em março de 1549, o primeiro governador-geral do Brasil, Tomé de Sousa, chegou à Bahia. Sua presença permitiu que o desenvolvimento administrativo das capitanias fosse submetido a um único poder centralizador. Todavia, o baixo investimento que muitas das capitanias receberam de seus donos, bem como a ausência de produtos mais valiosos no mercado europeu, como o ouro e a prata, gerou uma situação de descaso até meados do século XVIII por parte de Portugal, que investia mais nas navegações em direção à Ásia, contornando o litoral africano.

No continente americano, os portugueses construíram apenas entrepostos fortificados para servirem de abastecimento aos navegadores amigos. Foi só quando, após algumas incursões ao interior, no século XVIII, os portugueses descobriram pepitas de ouro nos planaltos que estes iniciaram, de forma definitiva, uma colonização ofensiva na região. Enquanto isso, logo após alcançar a Mesoamérica, a Espanha lançou-se às explorações da América do Sul, tendo sido seguida, mais tarde, por França, Holanda e Grã-Bretanha.

Ainda que houvesse investidas de outras potências, como França, Holanda e Grã-Bretanha, a maior parte do território do continente se manteve nas mãos das Coroas ibéricas. Portugal na costa leste e Espanha na costa oeste mantiveram praticamente total controle sobre a América do Sul. No caso da Espanha, assim como visto no processo de colonização do Vice-Reino da Nova Espanha, seu território sul-americano foi transformado no Vice-Reino do Peru, criado em 1542, o qual possibilitou uma melhor gestão do modelo de exploração espanhol, bem como subsidiou pequenos grupos econômicos locais que, mais tarde, exigiriam autonomia por meio da criação de mais dois novos vice-reinos, o da Nova Granada e o do Prata. Esses três vice-reinos espanhóis, mais a colônia portuguesa do Brasil, seriam as representações dominantes dos interesses europeus na região.

A existência de três vice-reinos espanhóis na América do Sul definiu um cenário político um pouco mais diversificado em relação ao da América do Norte, com seu Vice-Reino da Nova Espanha. Os vice-reinos espanhóis eram administrados pelos vice-reis e mantinham, nas principais cidades, três órgãos: audiência, cabildo e Igreja. O primeiro incorporava a câmara de justiça, as funções judiciais e seus respectivos controles. Os cabildos "cumpriam funções em teoria municipais, mas que, tratando de cidades tão distantes entre si, na verdade, exercem todas as funções do governo, incluindo as militares" (Luna, 1995, p. 12). Por último, havia a Igreja como órgão de equilíbrio, bem como "legitimador" dos dois primeiros órgãos diante da população local, julgando pelas leis divinas as ações dos homens[II].

O Vice-Reino do Peru, apesar de ser o mais antigo e o primeiro polo administrativo espanhol na região, sofria com as especificidades e os interesses econômicos internos, que nem sempre se harmonizavam com as medidas vindas de sua cidade administrativa: Lima. As heranças dos povos pré-colombianos nas culturas regionais distintas, o enriquecimento dos exploradores de minerais nos Andes e no Prata, bem como a exploração agrícola tropical ao norte fizeram surgir pequenas elites econômicas com interesses próprios e divergentes dos do vice-rei. A centralização em Lima, capital do Vice-Reino do Peru, já no século XVIII, passou a gerar gastos e conflitos no continente por aqueles que defendiam o direito de suas regiões terem, ao menos, uma relação direta com a metrópole, aumentando seus rendimentos e autonomias. Tentando conter as

---

II. *Enquanto a Igreja tinha esse poder divino permanente – concedido por Deus –, os governos políticos tinham o poder divino provisório, quando reconhecidos pela Igreja Católica. Assim se tornava legítimo para os cristãos o exercício do poder em sua vida (Pereira, 2007, p. 52).*

desavenças no Vice-Reino do Peru, a Espanha optou pela fragmentação e maior autonomia de seu território colonial sul-americano.

Ao norte, em 1717, o governo espanhol criou o Vice-Reino da Nova Granada – atuais territórios da Venezuela, Colômbia, Equador, Panamá e parte do Peru, Guiana, Trinidad e Tobago e Brasil. Santa Fé de Bogotá, atual capital da Colômbia, tornou-se a cidade administrativa do vice-reino. A autonomia foi dada a essa nova região para facilitar a administração regional pela Espanha e diminuir o poder centralizador que crescia em Lima. Na região, a Espanha explorava, além de recursos naturais, como o ouro, a produção de açúcar e cacau. Sua criação aumentou também a população dos *criollos*, a qual acabou se fortalecendo, não só no Vice-Reino da Nova Granada como em todas as regiões exploradas pela Espanha. Suas identidades mescladas com a cultura da região e os interesses econômicos próprios também contribuíram para o descontentamento com as decisões unilaterais vindas da Europa.

Atendendo à necessidade de melhorar a produção regional especializada, bem como de minimizar os choques regionais, a Espanha firmou um relacionamento direto com o Cone Sul--Americano e seus polos de produção em 1776, com a criação do Vice-Reino do Prata – o último a surgir antes dos processos de independência. Essa decisão da Coroa Espanhola se impôs sobre fortes protestos locais, como os dos povoados de Assunção, Córdoba e Montevidéu, não pela autonomia dada à Bacia do Prata, mas principalmente por ter elevado Buenos Aires à categoria de sede administrativa da região. Hoje, o Vice-Reino do Prata equivaleria aos atuais Estados da Argentina, do Uruguai, do Paraguai, da Bolívia e de parte do Chile e do Brasil.

O Vice-Reino do Peru, que surgiu como único responsável pela relação entre a Coroa Espanhola e as cidades coloniais sul-americanas, pouco a pouco teve de ceder espaço para os grupos locais elevados a vice-reinos. O Vice-Reino do Peru também era responsável pela fiscalização comercial e pela defesa de toda a região. A centralidade litorânea de Lima na colônia espanhola – protegida pela Cordilheira dos Andes – tornou a cidade eficiente na busca pelos interesses da metrópole para escoar a maior parte dos produtos coloniais nos séculos XVI, XVII e em parte do XVIII. Entretanto, apesar de mais bem posicionada, Lima contava com pontos desfavoráveis, principalmente após o crescimento de investidas e povoamentos no Novo Mundo. Ainda que pudesse ser o centro das rotas comerciais espanholas no continente, sua ligação com o Pacífico ou o Atlântico estendia o tempo das viagens marítimas por longos recortes no litoral do continente ou por rios selvagens amazônicos até o mar do Caribe, repleto de pirataria.

Os portos platinos, ainda que apresentando melhor potencial de rota direta, ao se situarem em um dos dois grandes portões de entrada da América do Sul (a Bacia do Prata e a Bacia Amazônica), estavam longe demais dos centros de produção tropical – produtos de maior valor comercial na Europa – e perto demais dos navegantes rivais, os portugueses. Assim, Assunção, Buenos Aires e Montevidéu foram preteridas por Lima nos séculos XVI e XVII, o que explica o grande enriquecimento e fortalecimento político do Peru como uma das últimas nações espanholas a buscar sua independência na América do Sul. Aos demais vice-reinos cabia a exportação de uma quantidade menor de produtos locais, mas criando rotas comerciais diretas com a Espanha, as quais fortaleceriam suas elites econômicas. Em ritmos distintos, cada vice-reino se desenvolveu em suas peculiaridades nas relações com a metrópole europeia.

Os elementos condicionantes da localização da atividade econômica na América colonial explicam os motivos pelos quais o território argentino foi um dos menos desenvolvidos àquela época. Suas terras não ofereciam elementos de atração para a produção destinada à exportação. O território localizado ao sul do Trópico de Capricórnio, a leste dos Andes e a oeste do Rio Uruguai não possuía o tipo de recursos naturais de magnitude e localização geográfica adequadas para que se convertesse em centro importante da economia colonial.

Por mais que fosse remota a transferência administrativa colonial de Lima para cidades como Buenos Aires, os cabildos andinos se preocupavam com essa possibilidade. Caso isso acontecesse, uma nova rota de escoamento colonial poderia surgir no Rio da Prata, invertendo a situação de controle exercida nos Andes. Temendo essa perda política e econômica, os cabildos centrais do Vice-Reino do Peru responderam às pressões de suas elites andinas e firmaram um cerco fiscal aos platinos no século XVII.

Por ser capital do vice-reino, Lima ganhou a autonomia de criar aduanas no continente para sustentar o crescimento de sua infraestrutura e demais gastos regionais. No final do século XVII e ao longo de boa parte do século XVIII, a região platina recebeu aduanas secas e, ainda que não fosse a mais rica das regiões, os postos de fiscalização mantinham-se rígidos no controle dos fluxos comerciais, "dificultando e impedindo a entrada de produtos espanhóis" (Luna, 1995, p. 6) – tanto da metrópole como das demais colônias. Apesar de Buenos Aires já sobreviver de contrabando desde sua fundação, as demais cidades do interior platino eram dependentes das rotas comerciais que levavam até Lima. Mesmo sendo Buenos Aires, Assunção e Montevidéu cidades de maior facilidade para esse escoamento, o medo da pirataria, que só diminuiria no final do século XVIII, tornava mais seguro o escoamento pelo norte do continente.

Até 1690, já haviam sido instaladas aduanas em Córdoba, Santiago Del Estero e Jujuy, controlando as três rotas que ligavam a região ao norte do continente e, consequentemente, às relações coloniais com a metrópole espanhola. A medida de cercar comercialmente toda uma região delimitou uma área que sobreviveu por meio das trocas internas e da especialização de produção. Assim, as cidades prejudicadas buscaram suprir suas necessidades no "mercado interno". Tucumán, pela facilidade de encontrar madeira, buscou produzir em maior quantidade carretas e outros derivados; Santiago Del Esterro se apoiou na mão de obra indígena para a produção têxtil; e Córdoba, em sua criação de mulas próprias para o transporte na região. "Como já se sabe, os mercados costumam ser o pré-requisito para formar uma nação. A história fixava o marco do que seria o território da futura Argentina" (Luna, 1995, p. 7).

Essa situação, ao contrário do esperado pelos andinos, ao longo de um século, fortaleceu a subsidiariedade e riqueza da região, e isso ampliou os interesses da Espanha. Assim, ao tentar isolar essas cidades, Lima acabou por traçar as fronteiras do futuro Vice-Reino do Prata. O fato de essas cidades se encontrarem enclausuradas na mesma situação não fez com que convivessem em cooperação harmônica, muito menos com que se evitassem rivalidades entre os cabildos locais. Várias contendas passaram a ocorrer, como:

a questão das vacarias entre Buenos Aires, Santa Fé e os conflitos do Porto, em 1730; os conflitos de Montevidéu com os cabildos da margem ocidental, em 1804; e as ameaças indígenas que levantaram conflitos entre as cidades do interior e as litorâneas.

Na segunda metade do século XVIII, as cidades platinas já não obedeciam às ordens de Lima. Em 1776, tentando evitar maiores conflitos e perdas econômicas, a metrópole elevou toda a região abaixo das aduanas secas à condição de Vice-Reino do Rio da Prata. Os cabildos platinos, que até então eram subordinados ao governo do vice-rei em Lima, ganharam a oportunidade de defender seus interesses específicos diretamente com outras regiões e com a Espanha.

Contudo, o Vice-Reino do Prata presenciou a ampliação dos conflitos regionais por meio da competição interna por autonomia política. A formação das elites econômicas em elites políticas, no final do século XVIII, coincidiu com a fragilidade na qual a Espanha se encontrava durante as Guerras Napoleônicas. Dívidas de guerra – que aumentaram o peso dos impostos nas Américas – e a instabilidade dos novos regimes no velho continente fizeram crescer um movimento por autonomia que ganhou simpatizantes nesse cenário de incertezas.

Esses simpatizantes eram defensores do direito clássico espanhol, o qual pregava: "*obedeço, mas não cumpro*, que poderia ser interpretado como reconheço a autoridade da Coroa, mas em determinados assuntos farei o que quero" (Shumway, 2008, p. 25, grifo nosso). Os cabildos sul-americanos, que já resistiam em acatar as ordens de Lima, tornaram-se ainda mais críticos em acatar ordens de uma metrópole conquistada pelas forças francesas napoleônicas.

Assim, logo após a criação dos Vice-Reinos da Nova Granada e do Prata, ainda no final do século XVIII, a Europa e as Américas passaram por um período marcado por instabilidades políticas, como a independência dos Estados Unidos da América, a Revolução Francesa, a independência do Haiti e as Guerras Napoleônicas. Todavia, distante dessas relações regionais e voltada para o Oceano Atlântico estava a colônia vizinha portuguesa: o Brasil. Com uma administração muito mais centralizadora por sua metrópole do que os vice-reinos mais autônomos espanhóis, a colônia portuguesa manteve em Salvador, e posteriormente no Rio de Janeiro, uma centralização administrativa que lidava com um menor grau de diversidade territorial referente aos interesses de elites econômicas locais. No Brasil, as decisões eram ligadas diretamente a Portugal – das pequenas às grandes decisões, praticamente tudo passava pelo acompanhamento da metrópole.

A escolha de Salvador como capital da colônia já demonstrava a preocupação portuguesa em diminuir a autonomia de elites no Brasil, visto que Pernambuco já se mostrava com maior produção agrícola em 1549. Ao escolher Salvador, uma cidade distante o suficiente do centro econômico, mas ao mesmo tempo perto o bastante para manter a vigilância, Portugal separou a formação de elites econômicas das elites políticas, o que dificultava a conciliação de interesses contra a metrópole. Quando foram descobertos ouro, prata e diamante no interior da colônia, mais uma vez Portugal preferiu transferir a capital para perto, porém não no centro econômico. Em 1763, a capital da colônia passou a ser então o Rio de Janeiro, sob ordens do primeiro-ministro de Portugal, o Marquês de Pombal. Assim, dentro dessa dinâmica administrativa, Portugal pôde manter suas políticas de exploração e expansão do território colonial.

Boa parte do atual território brasileiro foi traçado pelas políticas coloniais portuguesas. Diante dos embates com os espanhóis, os franceses e os holandeses, os portugueses lideraram a colonização de um território de proporções continentais. Com uma extensão territorial próxima a 90.000 km², no início do processo de colonização, e uma população entre 1 e 2 milhões de habitantes, de 1500 a 1700 d.C. (Rodrigues, 2004, p. 30), Portugal conseguiu se expandir por um território dez vezes maior que o seu na América do Sul. A população europeia, entre 1500 a 1700, teria passado de 81 para 120 milhões, tendo a população da Península Ibérica uma variação de 7,75 para 10 milhões. Ou seja, a população portuguesa, que à época mal atingia um quarto da população espanhola, se considerada diante das principais potências concorrentes – França, Ilhas Britânicas (22 e 9,5 milhões de habitantes, respectivamente) –, representava apenas 3% das três populações; mesmo assim, aventurou-se a colonizar um território muitas vezes maior do que o seu ou das colônias concorrentes.

As dificuldades de logística à colonização portuguesa, bem como os desafios diplomáticos entre Portugal e as demais potências, mostraram-se, sobretudo, nas investidas dos primeiros séculos de colonização do litoral brasileiro. Após o reconhecimento português das terras sul-americanas, com a chegada de Pedro Álvares Cabral, em 1500, a Coroa Portuguesa da dinastia de Avis (reinante entre 1385 e 1582) e, posteriormente, da dinastia filipina (Habsburgos espanhóis, entre 1582 e 1640) e da dinastia de Bragança (até a independência) teve de lidar com saques, invasões e tentativas de colonização do litoral brasileiro pelos franceses e pelos holandeses, como nos casos da França Antártica (atual região metropolitana da cidade do Rio de Janeiro) e da Companhia Holandesa das Índias Ocidentais, no litoral norte e nordeste da América do Sul e da África. Assim, Portugal precisou, além de utilizar a força bélica nesses episódios, desenvolver estratégias diplomáticas com a Igreja Católica, com a sua vizinha Espanha e, posteriormente, com a Grã--Bretanha para angariar aliados aos seus interesses.

A expansão territorial portuguesa, ainda que conflitante com a Espanha, manteve-se sem grandes alardes pela crença de que a América do Sul era recortada por rios que formavam uma grande ilha fluvial no continente: a Ilha Brasil (Magnoli, 1997, p. 298). Utilizando-se dessa crença e de mapas alterados, Portugal manteve sua expansão durante os primeiros anos de colonização legitimados aos olhos das demais potências europeias. Posteriormente, com a União Ibérica – quando os territórios portugueses se tornaram espanhóis em um dilema dinástico de sucessão –, os bandeirantes portugueses passaram a adentrar e ultrapassar as antigas fronteiras coloniais entre Portugal e Espanha em busca de novas terras, recursos e mão de obra indígena. Após o retorno do Brasil ao domínio português, a crença na Ilha Brasil foi novamente utilizada para assegurar que Portugal não buscava colonizar toda a América do Sul e que as terras povoadas pelos bandeirantes seriam sempre limitadas aos rios da Bacia do Prata e da Bacia Amazônica, que se encontravam em algum lugar no que hoje é a região do Pantanal, isolando naturalmente a colônia portuguesa da espanhola.

Tendo Portugal desenvolvido o extrativismo nos primeiros anos da colonização com ajuda dos nativos – sobretudo dos povos tupis –, o interesse em ampliar o uso das terras para produtos mais cotados no mercado internacional levou à exploração agrícola da cana-de-açúcar. Esse tipo de plantio e preparo exigiu uma mão de obra extensa que a baixa população portuguesa não poderia suprir; desse modo, foi necessário recorrer a escravos negros para sustentarem o crescimento econômico de Portugal diante dos recursos brasileiros. Os bandeirantes, que buscavam escravizar mão de obra nativa, logo foram perdendo apoio de Portugal, que percebia no tráfico negreiro um gerador de renda mais vantajoso para o comércio internacional. Somavam-se, em oposição à escravidão dos nativos americanos, as missões religiosas da Igreja Católica, que compreendia o nativo como um indivíduo a ser resgatado pela catequização – ensinamentos cristãos – e inserido na sociedade. Assim, a mão de obra negra escravizada se tornou a principal força a sustentar o desenvolvimento da colônia e seu povoamento.

Durante dois séculos, milhares de africanos foram traficados para as terras portuguesas na América do Sul e contribuíram com a produção da cana-de-açúcar, do tabaco e, posteriormente, do café. A mineração do ouro, da prata e do diamante no século XVIII, apesar de trazer diversos portugueses em busca de novas oportunidades de enriquecimento ao interior do Brasil, também foi sustentada pelo trabalho escravo africano. Esse translado de culturas e valores somou-se aos dos nativos e de seus colonizadores, o que acabou por determinar diversos processos sociais e políticos que se desdobram na contemporaneidade brasileira.

Já no final do período colonial, o Brasil, bem como muitas outras colônias espanholas, demonstrava um desgaste na produção mineral e nos ciclos agrícolas. O poder das elites no Nordeste, que se desenvolveram com a cana-de-açúcar, já demonstrava estar sem forças. Aos poucos, essas elites foram sendo substituídas pelas elites cafeeiras do Sudeste. Em meio a essas transformações econômicas, duas grandes instabilidades surgiram na Europa e fizeram os processos políticos nas Américas serem bruscamente alterados, inclusive no Brasil: a Revolução Francesa e as Guerras Napoleônicas. Ambas assolaram movimentos insurgentes contra suas metrópoles, mas que, no início do século XIX, resultaram nos processos de independência das nações latino-americanas.

Estudo de caso

O modelo de colonização da Espanha e de Portugal pode ser compreendido por meio de um estudo de caso em que se consideram dois Estados que compartilharam o mesmo modelo político-econômico diante do Novo Mundo, porém com especificidades importantes. Segundo Bernardes (1997), a colônia portuguesa se manteve unida, ao passo que o território colonial espanhol se fragmentou. Analisando de forma comparada a política dessas duas metrópoles, percebemos que, enquanto a Espanha fragmentou para administrar, Portugal se manteve centralizador e com a preocupação de não fortalecer politicamente os centros de produção econômica de suas colônias. Dessa forma, podemos considerar essa variável como uma das tantas outras que explicariam a integridade territorial do Brasil como antiga colônia portuguesa.

Outra variável que explicaria a fragmentação do território colonial espanhol após o processo de independência das nações americanas é a dinâmica internacional daquele momento, destacando-se nela as Guerras Napoleônicas. De fato, a expansão francesa sobre a Europa desestabilizou muitas regiões coloniais, sobretudo com a interferência da Grã-Bretanha e o sequestro dos poderes dinásticos, como o espanhol. As dinâmicas internacionais passaram a interferir na estrutura hierárquica das colônias, que puderam não mais reconhecer a Coroa Espanhola nem obedecer a ela nas tomadas de decisões políticas, econômicas e comerciais de suas regiões. Por outro lado, a vinda da família real portuguesa para o Brasil – também como consequência das Guerras Napoleônicas –, em 1808, possibilitaria uma continuidade da centralização do poder e da gestão econômica lusitana, evitando a fragmentação que ocorria nos territórios americanos vizinhos.

O processo de fragmentação foi questionado por diversos líderes políticos do período, como o próprio Simon Bolívar, que tentou reunificar os antigos territórios coloniais espanhóis em uma única nova nação. Seu objetivo foi apresentado, mas não se concretizou, estando as novas nações muito envolvidas com as dinâmicas políticas locais. Em busca de estabilidade financeira e legitimidade política, diversos grupos no interior dessas novas nações lutavam entre si para definir o futuro dos Estados recém-criados. Dessa forma, ao estudar o processo de fragmentação do território colonial espanhol após a independência, percebemos que, de fato, sua ocorrência mantém raízes na própria administração colonial dos séculos anteriores. Muitas das fronteiras das capitanias e dos vice-reinos espanhóis delimitam hoje nações latino-americanas.

Síntese

Este capítulo tratou dos processos de instauração dos modelos coloniais na América Latina, sobretudo por Espanha e Portugal, além da organização e do surgimento de novas elites políticas e econômicas regionais que tiveram um papel fundamental no processo de independência e na construção das nações latino-americanas no século XIX. Comparando as ações das grandes potências (Portugal, Espanha, França, Inglaterra), vemos que o período da colonização se mostrou semelhante em interesses: enriquecimento das potências europeias por meio do modelo econômico mercantilista da exploração e da acumulação de bens e tentativa de instaurar modelos civilizacionais entre os povos conquistados. Em processos distintos, a Espanha se mostrou menos centralizadora do que Portugal e França, ao fragmentar, com o passar dos séculos, a administração de suas colônias em, ao menos, quatro vice-reinos e demais capitanias subordinadas.

Ainda que Espanha e Portugal tenham tido um papel relevante para as bases políticas da América Latina, outras potências europeias passaram a atuar nesses processos regionais. Sobretudo França, Holanda e Grã-Bretanha teriam se lançado ao mar alguns poucos anos depois em uma corrida de interesses que se chocaram com os das potências ibéricas. Diante dos territórios espanhóis e portugueses, diversos saques, invasões e conflitos foram provocados por essas demais potências que não reconheciam os direitos proclamados pelas duas primeiras de avançarem sobre o Novo Mundo. A variação entre autonomia e centralização, de acordo com os modelos econômicos e políticos dos colonizadores, demarcou muitas das atuais fronteiras nacionais na América Latina, como entre Argentina e Chile, Colômbia e Peru, Costa Rica e Panamá, Brasil e Bolívia.

Na América Latina, existiram quatro vice-reinos espanhóis: Vice-Reino da Nova Espanha, Vice-Reino da Nova Granada, Vice-Reino do Peru e Vice-Reino do Prata. Além destes, ainda existia a colônia portuguesa do Brasil e as colônias francesas, como o Haiti. O Vice-Reino da Nova Espanha e o Vice-Reino do Peru foram os dois principais a centralizar, no início do processo de colonização, as políticas de exploração espanhola. Posteriormente, no século XVIII, o território colonial espanhol já havia sido dividido de acordo com os grupos de interesses locais, sobretudo os das elites econômicas em consolidação. No caso da França e de Portugal, ambas as Coroas evitavam ao máximo o crescimento de elites locais, fortalecendo estratégias administrativas centralizadoras, o que muito pode explicar, no caso do Brasil, sua continuidade territorial após os processos de independência e consolidação nacional.

Em uma perspectiva de política comparada, alguns dos principais pontos relevantes são: o modelo de administração colonial, as rivalidades entre as potências europeias e a formulação de políticas econômicas com base em produtos distintos. Embora resultantes da exploração de bens primários e de sua exportação diretamente às metrópoles europeias, as colônias desenvolveram logística e culturas econômicas próprias, tanto pelo fato de concorrerem com produtos similares internamente na escolha de suas metrópoles como pela especialização de exploração e produção de bens. Desde o cacau a sustentar as rotas coloniais na Venezuela, passando pelos minerais andinos e por outros produtos tropicais, como a cana-de-açúcar no Brasil, cada produto teve seu desenvolvimento determinado pelas necessidades de produção e envio à metrópole, com a criação de estradas e portos, bem como por uma administração local de subsistência que seria parte fundamental na construção das novas nações independentes da América Latina.

Questões para revisão

1) No processo de colonização da América espanhola, a Coroa Espanhola criou vice-reinos na América Latina, entre eles o Vice-Reino do Peru, localizado na América do Sul. Discorra sobre a importância desse vice-reino.

2) A Coroa Espanhola conquistou a maior parte dos territórios da América Latina. Em decorrência dessa grande extensão territorial, muitas regiões não recebiam a atenção e o investimento necessários para que pudessem garantir a sua segurança e reprimir as tentativas de conquista por parte de outras potências europeias. Considerando esse contexto, discorra sobre as investidas dos britânicos e dos franceses na América espanhola.

3) Sobre o processo de colonização na América Latina, assinale a alternativa correta:

   a) A América Latina foi colonizada exclusivamente pelos reinos da Espanha e de Portugal.
   b) Nas colônias, particularmente nas regiões destinadas à produção de produtos agrícolas, foi empregada, em larga escala, a mão de obra escrava de negros africanos e/ou de indígenas locais.

- c) O Haiti se tornou a mais rica colônia espanhola do Caribe por conta da produção de açúcar, além de ser a que mais recebeu escravos africanos.
- d) Todas as alternativas estão corretas.
- e) Nenhuma alternativa está correta.

4) Os espanhóis e os portugueses não foram os únicos a colonizar o continente americano. França, Holanda e Grã-Bretanha tiveram papel importante na colonização de algumas regiões latino-americanas. Sobre a participação desses países na América Latina, é correto afirmar:

- a) As primeiras tentativas de colonização na América Latina por parte da França resultaram em conflitos diretos com portugueses e espanhóis, que detinham o poder inicial sobre a maior parte do território.
- b) França, Holanda e Grã-Bretanha optaram por investir, sobretudo, na conquista do Caribe, pelo fato de este ser formado por ilhas e arquipélagos de maior facilidade em tomadas militares, bem como por financiar a pirataria contra navios espanhóis que saíam do continente americano em direção à Europa, causando prejuízos econômicos às potências rivais.
- c) O Haiti foi a mais rica colônia francesa na região do Caribe.
- d) Todas as alternativas estão corretas.
- e) Todas as alternativas estão incorretas.

Ana Paula Lopes Ferreira e Leonardo Mercher

5) Sobre o processo de colonização da América Latina pelos europeus, é correto afirmar:
   a) Os territórios espanhóis nas Américas foram divididos em vice-reinos, conforme os interesses econômicos locais ampliavam.
   b) Após a conquista dos territórios e povos nativos, os europeus se dividiram entre aqueles que defendiam uma perspectiva de salvadores dos povos ingênuos, levando a eles os valores cristãos, e aqueles que orientavam suas ações pelas necessidades e ordens político-econômicas das nações europeias no sentido de ampliar suas riquezas e poder diante das demais potências concorrentes.
   c) Em 1535, o governo espanhol denominou seus territórios conquistados na Mesoamérica, no Caribe e na América do Norte como *Vice-Reino da Nova Espanha*, ao qual se somaram as Filipinas, na Ásia.
   d) Todas as alternativas estão corretas.
   e) Nenhuma alternativa está correta.

Questões para reflexão

1) Em março de 1549, chegou à Bahia o primeiro governador-geral do Brasil, Tomé de Sousa, tornando Salvador a capital da colônia. Com base na preocupação portuguesa em restringir autonomias políticas e econômicas em sua colônia, explique por que Salvador foi escolhida como capital administrativa.

2) A dinastia europeia dos Habsburgos, responsável pelas políticas espanholas, iniciou sua expansão nas Américas e criou o que ficou conhecido como *Império Mundial Espanhol*, governando-o de 1516 a 1714. Discorra sobre a dinâmica política dos Habsburgos na América Latina.

3) Comente sobre a criação do Vice-Reino da Nova Granada, em 1717.

> **Para saber mais**
>
> A MISSÃO. Direção: Roland Joffé. Reino Unido: Warner Bros., 1986. 126 min.
>
> Para saber mais sobre os temas abordados neste capítulo, recomendamos o filme *A missão*, de 1986, a fim de ilustrar o sistema colonial na América Latina, assim como o papel da Igreja Católica nesse processo. Esse filme trata da história de Rodrigo Mendoza (Robert De Niro), um mercador de escravos que fica com crise de consciência por ter matado Felipe (Aidan Quinn), seu irmão, num duelo. Numa tentativa de se penitenciar e se redimir, Rodrigo Mendoza se torna padre e se une a Gabriel (Jeremy Irons), um jesuíta que luta para defender os índios, mas se depara com interesses econômicos que o impedem nesse propósito.
>
> A história desse filme é ambientada no contexto da Guerra Guaranítica, que ocorreu entre 1750 e 1756 e contou com a participação de índios guaranis, tropas espanholas e portuguesas ao sul da América do Sul, mais especificamente na região

de fronteira entre o Rio Grande do Sul e o Uruguai, também conhecida como *região dos Sete Povos das Missões*, após firmado o Tratado de Madri, em janeiro de 1750. Os índios guaranis se recusaram a sair de suas terras no Rio Grande do Sul para ocupar o outro lado do Rio Uruguai, conforme havia sido estabelecido nos acordos entre Portugal e Espanha.

O Tratado de Madri trazia um impacto direto para os índios, uma vez que dava ao Império Português a soberania sobre os territórios de missões jesuítas situadas a leste do Rio Uruguai, afetando diretamente os guaranis. Isso porque os portugueses permitiam a escravização dos indígenas, enquanto, sob o Império Espanhol, eram considerados súditos do Rei da Espanha, não podendo ser escravizados.

O filme é indicado para aqueles que querem entender melhor a dinâmica política e econômica dos colonizadores europeus na América Latina, em que os interesses dos povos locais eram desconsiderados. No decorrer da história, são mostrados costumes da época, o papel da Igreja Católica e dos jesuítas no continente americano e as disputas dos reinos de Portugal e Espanha, indo além de um simples romance de época e trazendo reflexões importantes sobre o sistema colonial na América como um todo.

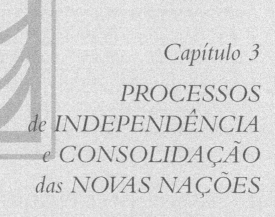

Capítulo 3

PROCESSOS
de INDEPENDÊNCIA
e CONSOLIDAÇÃO
das NOVAS NAÇÕES

Conteúdos do capítulo

- Manifestações e revoltas internas nas colônias.
- Início dos processos de independência das colônias da América Latina e o surgimento das novas nações.
- A interferência das dinâmicas internacionais no processo de constituição dos países latino-americanos.
- Amplificação das vozes e dinâmicas regionais que refletiram na construção de identidades locais e na redefinição de alianças internacionais.

Após o estudo deste capítulo, você será capaz de:

- entender como iniciaram os processos de independência nas colônias da América Latina, compreendendo o contexto social, político e econômico que levou ao surgimento dessas novas nações;
- analisar as diferenças entre os processos de independência acontecidos em cada nação latino-americana, entendendo como, ao mesmo tempo, estes não foram eventos isolados;
- avaliar o posicionamento das potências europeias colonizadoras durante esses processos de independência;
- compreender o surgimento de estruturas políticas específicas, como o coronelismo no Brasil;
- visualizar um panorama geral sobre os principais conflitos internacionais ocorridos no continente americano durante esse período.

No século XVIII, o Iluminismo, a Revolução Francesa e o pensamento liberal favoreceram as revoltas e as guerras por independência nas Américas. Iniciados pelos Estados Unidos da América em 1775, esses combates alcançaram o que se tornaria o primeiro Estado latino-americano: o Haiti, em 1804. O estabelecimento desses dois Estados independentes na América, somado aos efeitos causados pelas Guerras Napoleônicas no início do século XIX, trouxe grande instabilidade ideológica, política e econômica às relações entre as metrópoles europeias e suas colônias nas Américas. Além disso, no Novo Mundo, eram propagados cada vez mais anseios de mudança, gerados pelos descontentamentos entre as elites locais e pelas pressões de potências estrangeiras, como a Inglaterra, para a construção de novas nações livres ao comércio internacional e para a ruptura com os antigos pactos coloniais de exclusividade comercial com suas metrópoles.

Ao longo do século XIX, as Américas francesa e espanhola buscaram para si o poder de decidir sua atuação no sistema internacional, resultando na fragmentação política e na inclusão de novos atores nas relações internacionais. Como consequência, essa fragmentação exaltou as divergências territoriais no subcontinente. Já na América lusitana, surgia um ator: o Brasil imperial, que, apesar de almejar a independência política como seus vizinhos, buscou no antigo regime sua consolidação como Estado – uma posição no mínimo incômoda para as novas repúblicas hispânicas (Bernardes, 1997). Entretanto, nem todas as colônias nas Américas se tornaram independentes ao mesmo tempo – algumas, até o presente momento, sequer se tornaram Estados livres. Tendo como modelos a independência dos Estados Unidos da América (1783) e a do

Haiti (1804), as sociedades coloniais americanas passaram, pouco a pouco, a questionar as formulações de políticas centradas em suas metrópoles europeias.

A expansão francesa promovida por Napoleão Bonaparte na Europa, no início do século XIX, submeteu a Espanha à ocupação territorial e ao domínio político, dando abertura para que as colônias hispânicas nas Américas agissem de forma arbitrária às ordens de sua metrópole. Essa rebeldia foi incentivada, sobretudo, pela Grã-Bretanha, que se encontrava em conflito com a França e seus domínios e viu na influência sobre as colônias hispânicas uma forma de enfraquecer o poder francês. As primeiras ações britânicas, após a dominação francesa da Espanha, consistiram em atacar militarmente suas colônias na América do Sul, como no caso do ataque de 1810 a Buenos Aires. Esses ataques, muito mais como demonstração de poder, buscaram forçar os grupos econômicos e políticos locais a se aliarem aos interesses britânicos: independência e novas parcerias comerciais para além dos laços restritos com o antigo governo espanhol.

No caso do Brasil, uma colônia portuguesa, a Grã-Bretanha apoiou a transferência do governo português e de sua corte para a cidade do Rio de Janeiro, em 1808. Essa medida não protegeu Portugal e diversos de seus territórios contra a invasão francesa, mas garantiu a liberdade política lusitana diante de uma França expansionista no velho continente ao se manter na antiga colônia e gozar dos recursos nela explorados. A corte portuguesa no Brasil, além de abrir seus portos às nações amigas, também apoiou as investidas britânicas contra as colônias americanas que não definiam sua posição no conflito. Um bom exemplo foi a invasão de tropas portuguesas à Guiana Francesa, em 1809, como represália à primeira investida militar francesa ao território de Portugal, em 1807. As tropas portuguesas se mantiveram na cidade de Caiena, então capital administrativa colonial da Guiana Francesa, até 1817, quando o Tratado de Viena determinou uma doação de parte do território guianês francês (hoje parte do território do Amapá) ao governo português.

Tanto para as colônias espanholas como para os interesses expansionistas da Grã-Bretanha e outros Estados europeus já industrializados, a independência da América Latina era uma promissora oportunidade de mercados – tanto de fornecedores de matérias-primas como de consumidores. O não cumprimento das ordens vindas da Espanha e da França, bem como o apoio aos beligerantes pelas frotas britânicas, gerou um estado propício para a autoafirmação entre as colônias latinas, facilitando os movimentos de independência e consolidação dos novos Estados-nações.

Na Mesoamérica e no Caribe, os movimentos de insurreição contra o domínio de suas metrópoles, como Espanha e França, colocaram na história nomes como Miguel Hidalgo, no México, e François-Dominique Toussaint Louverture, no Haiti. Já na América do Sul, destacou-se Simon Bolívar, um dos principais organizadores dos levantes contra os exércitos coloniais de Madri e defensor de uma única nação hispânica na região.

Na Figura 3.1, é possível ver o ano em que cada país latino-americano se tornou independente.

FIGURA 3.1 – ANO DA INDEPENDÊNCIA DOS PAÍSES LATINO-AMERICANOS

Após as proclamações de independência das nações latinas nas Américas, diversos outros desafios se mostraram na consolidação de seus Estados. Conflitos como a Guerra do Paraguai, do Chaco e do Pacífico demonstraram a necessidade de se estabelecerem fronteiras territoriais que beneficiassem ao máximo – ou ao mínimo – os interesses nacionais. Esses conflitos não podem ser compreendidos apenas como desentendimentos em um âmbito externo às nações; sobretudo, devem ser pensados como uma forma de diálogo e de demonstração dos traços de relações políticas que determinaram muito do comportamento na região, bem como o desenvolvimento das políticas internas. Portanto, neste capítulo, examinaremos, além dos processos de independência, os principais conflitos internacionais entre as nações recém-estabelecidas na América Latina.

(3.1) Processos de independência na Mesoamérica e no Caribe

A primeira declaração de independência de um Estado considerado latino-americano ocorreu no Haiti, após a revolta de escravos de 1794. Em 1801, Toussaint Louverture, um dos líderes da rebelião de escravos contra os franceses, havia se tornado governador-geral, mas, assim que os franceses recuperaram a ilha, este foi assassinado. Uma outra investida dos haitianos contra os franceses foi liderada por Jean Jacques Dessalines, que conseguiu organizar um exército e derrotar os franceses em 1803. No ano seguinte, foi declarada a independência, e Dessalines se tornou o imperador do novo Estado.

A independência do Haiti não foi, no entanto, bem vista nas Américas por muitos grupos de elites políticas que se sustentavam por meio da exploração do trabalho escravo. A tomada da independência do Haiti à força pelos escravos descendentes de povos africanos mostrou-se um perigo à estrutura social escravocrata na região, causando reações, como os bloqueios comerciais feitos pelos Estados Unidos da América, que duraram quase 60 anos. A França também reagiu com um bloqueio comercial e só desistiu dessa decisão depois de o governo haitiano de Jean-Pierre Boyer aceitar pagar uma dívida de compensação de 150 milhões de francos – que, sob intensas negociações, foi diminuída para 90 milhões de francos. Essa condição acabou por comprometer a produção e as riquezas do novo Estado latino por gerações.

A Espanha exigiu que o Haiti, então um país com sistema político presidencialista, devolvesse seu território colonial da outra metade da ilha, conquistado pelos revoltosos durante seu processo de independência. Após diversos desentendimentos, reconhecimentos e anulações de tratados, em 1822, o então presidente haitiano, Jean-Pierre Boyer, reunificou o país e conquistou novamente a parte espanhola, que, em 1844, passaria por uma revolta, tornando-se a independente República Dominicana.

Por mais que já tivesse experimentado uma independência limitada em 1822, a República Dominicana só gozou de reconhecimento internacional como Estado pleno após 1844, sob lideranças de Juan Pablo Duarte, Francisco del Rosario Sánchez e Pedro Santana. As elites econômicas que sobreviveram no lado espanhol da ilha, agora República Dominicana, bem como as que surgiram após a independência, conduziram um processo econômico latifundiário pelas décadas seguintes. Os descontentes com esse modelo político-econômico buscaram a reintegração do Estado à Espanha, o que ocorreu em 1861; porém, em 1865, o Estado voltou a ser uma nação livre. Assim, a ilha de Hispaniola foi dividida entre Haiti e República Dominicana, respectivamente, ex-colônias de França e Espanha.

Próximo dali, ainda no mar do Caribe, a ilha de Cuba presenciou movimentos em favor da independência como reflexo dos processos políticos ocorridos em seus vizinhos. As elites locais cansavam-se, cada vez mais, das rígidas cobranças e do monopólio por parte da metrópole espanhola. Essa relação já estava se desgastando pouco a pouco, desde o século XVIII e, já no século XIX, era praticamente impossível conciliar os interesses das elites locais com os espanhóis. Vale ressaltar que Cuba gozava de certa autonomia diante do Vice-Reino da Nova Espanha, por ser uma capitania regional e, em 1868, com o Grito de Yara – uma onda de manifestações dos grupos dominantes locais –, sob liderança de Carlos Manuel de Céspedes, foi declarada a independência da ilha.

A República em Armas, como ficou conhecida, tornou-se um movimento que conquistou a população e as elites locais, bem como das nações vizinhas, incluindo os Estados Unidos, que passaram a apoiar a nova nação contra o domínio espanhol. Por meio de lideranças, como de Antonio Maceo, Guillermón Moncada, Máximo Gomes e José Martí, a população cubana se lançou em uma luta contra os colonizadores espanhóis que só terminaria após intervenção e apoio dos Estados Unidos, em 1898. Esse posicionamento dos Estados Unidos acirrou as disputas desse país com a Espanha para além do Caribe, culminando com a Guerra Hispano-Americana, na parte continental das Américas do Norte e Central. Reconhecendo a independência de Cuba ao perder o conflito para os Estados Unidos, a Espanha ainda perdeu seu território de Porto Rico com apoio estadunidense.

A frase "A América para os americanos", pronunciada pelo presidente estadunidense James Monroe, em 1823, torna clara essa mobilização por uma coalizão continental em face dos antigos interesses europeus, como os dos espanhóis, sendo denominada como *Doutrina Monroe*. A partir desse processo, os Estados Unidos passaram a apoiar e angariar apoio das nações livres para que a maior parte da América Latina alcançasse a independência, como tinham feito Cuba e também Porto Rico, país que é exemplo, ainda hoje, de um território sem personalidade jurídica e que está sob proteção dos Estados Unidos desde o século XIX. Todavia, o apoio estadunidense aos processos de independência nacional latino-americanos não ocorreu apenas pelo fortalecimento regional diante de ameaças e interesses estrangeiros no continente; foi também uma forma de assegurar maior cooperação e interesse de tais estrangeiros em novos mercados consumidores que se libertavam de seus pactos coloniais restritivos à exportação e ao comércio.

Assim como Cuba, Porto Rico se tornou independente e assumiu acordos e tratados com os Estados Unidos que permitiam ao vizinho norte-americano intervir em questões internas de ambas as nações. Em Cuba, essa questão constitucional ficou conhecida como *Emenda Constitucional Platt*, a qual não permitia, de fato, que Cuba e Porto Rico gozassem de plena soberania. Essa situação manteve essas duas nações (Cuba, no Caribe, e Porto Rico, na Mesoamérica) sob os interesses e influências estadunidenses. Com uma economia agrícola fundamentada na produção de açúcar e de tabaco, Cuba só reverteu essa situação com a Revolução Cubana de 1959, posteriormente apoiada pela União Soviética, enquanto Porto Rico, até hoje, é mantido sob a orientação estadunidense.

Na parte continental da América Latina, destacam-se os processos de independência do México e das nações que integravam a Federação das Províncias Unidas da América Central. A independência do México teve início com a declaração do padre Miguel Hidalgo y Costilla e de grupos revoltosos, em 1810. Porém, tropas espanholas capturaram e fuzilaram o padre e alguns de seus seguidores na cidade de Chihuahua, em 1811. Essas mortes se tornaram símbolo de resistência para os beligerantes, que intensificaram os choques com os espanhóis. Em 1813, foi convocado o Congresso de Chilpancingo, no qual foi assinada a Declaração de Independência da América Setentrional. Durante os anos seguintes, os conflitos entre aqueles que defendiam a independência do território mexicano e os que defendiam a manutenção da colônia espanhola trouxeram instabilidades políticas para toda a região da Mesoamérica.

Em 1820, o Vice-Rei Juan Ruiz de Apodaca, representante dos interesses espanhóis para o México, enviou um exército sob o comando do general *criollo* Agustín de Iturbide contra as tropas beligerantes de Vicente Guerrero. Entretanto, as tropas enviadas se aliaram e forçaram o reconhecimento da independência, marcada no Tratado de Córdoba. Agustín de Iturbide, após comandar as tropas espanholas desertoras, proclamou-se imperador do México, iniciando o Primeiro Império. Todavia, uma revolta contra essa decisão política, em 1823, estabeleceu um novo regime e transformou o Império em uma república: os Estados Unidos Mexicanos.

Em 1824, uma guerra civil tomou conta do México, sobretudo por descontentamentos com o poder político nacional, que culminou com a independência da República do Texas, da República do Rio Grande e da República de Iucatã. O Texas foi rapidamente anexado aos Estados Unidos, e um conflito emergiu das fronteiras entre as duas nações americanas. Tanto os Estados Unidos como o México passaram a disputar fronteiras em 1846, disputa que ficou conhecida como *Guerra Mexicano-Americana*. Após dois anos de conflito, foi assinado o Tratado de Guadalupe-Hidalgo, dando aos Estados Unidos boa parte do território ao norte do México, que hoje compreende partes do território da Califórnia e do Novo México.

Perpassando por um período de conflitos entre movimentos políticos internos, o México se tornou vulnerável e rapidamente foi invadido, em 1860, por tropas francesas, que criaram o Segundo Império Mexicano. Novamente sob o domínio da dinastia de Habsburgo, pelo Imperador Ferdinando Maximiliano da Áustria, o México retornou a uma relação de subordinação à Europa – não mais como colônia espanhola, mas como um Estado cercado e administrado pelos interesses franceses sob representação do imperador austríaco em seu território. O Segundo Império durou até 1867, quando o imperador foi deposto e executado pelos grupos políticos mexicanos, que voltaram a instaurar o sistema republicano.

Mais ao sul do México, ocorriam os processos de independência do que muitos compreendem como *América Central*. Em 1823, um congresso reunido pelo italiano Vicente Filisola, que estava na região a pedido do primeiro imperador mexicano, Agustín de Iturbide, tentava manter o local sob domínio do Império Mexicano. Entretanto, Filisola achou melhor declarar a independência da região para que esta não fosse perdida para as forças espanholas. Assim, em 1823, Filisola criou a Federação das Províncias Unidas da América Central.

A Federação era composta pelo que hoje seriam os Estados da Guatemala, de El Salvador, da Nicarágua, de Honduras e de Costa Rica. Antes de sua existência, a região era mantida sob o domínio espanhol e, posteriormente, sob o domínio imperial mexicano. Com a queda do primeiro imperador mexicano, a Federação ressurgiu e perdurou até 1839. Seu fim aconteceu, sobretudo, por choques políticos internos iniciados pela chegada ao poder do conservador General Rafael Carrera, em 1838. A Federação se fragmentou em diversas nações, com a saída, pouco a pouco, das nações que a integravam. Rafael Carrera continuou como líder na Guatemala e foi eleito presidente em 1844, governando até sua morte, em 1865.

Já El Salvador tornou-se parte da Federação Centro-Americana até 1839, quando voltou a ser um Estado independente. El Salvador foi conquistado pela Espanha por Pedro de Alvarado Y Contreras; essa conquista foi uma das mais difíceis na história colonial, tendo como adversário principal um indígena chamado Atlacatl, que lutou durante 15 anos contra a invasão da Espanha e de aliados espanhóis no território Mexicano.

Alguns séculos antes da chegada dos conquistadores espanhóis, a parte ocidental de El Salvador foi habitada pelos maias e, durante o período colonial, a região fez parte do Vice-Reino da Nova Espanha, sob jurisdição da capitania geral da Guatemala. O primeiro movimento de independência em relação à Espanha ocorreu em San Salvador, em 1811, mas sua conquista só se verificou em 1821, quando passou a pertencer ao domínio do Império do México, deixando de ser independente. Em 1823, quando o Império Mexicano se dissolveu, El Salvador se tornou um dos Estados-membros da Federação das Províncias Unidas da América Central e, com a ruptura da entidade, em 1839, passou a ser uma república independente.

Juntamente com El Salvador, a Nicarágua, após atingir sua independência, em 1821, também fez parte da Federação das Províncias Unidas da América Central. No entanto, os conflitos entre elites e ideologias políticas internas, após o fim da Federação, mergulharam a região em constantes instabilidades. O desgaste provocado pelos vários conflitos civis permitiu que o norte-americano William Walker chegasse ao controle da nação, em 1856. Após o incidente, as disputas políticas continuaram e foram visivelmente marcadas por intervenções políticas britânicas e norte-americanas, preocupadas com as colônias de língua inglesa na região.

Em 1857, William Walker foi deposto, capturado por forças armadas das nações centro-americanas e, em 1860, foi executado pelo governo de Honduras. Por conseguinte, Honduras, que também teve o mesmo processo de independência em 1821 e integrou a Federação das Províncias Unidas da América Central até 1938, viu sua política interna ser controlada por caudilhos ao longo de todo o século XIX. Os caudilhos – que uniam política, forças armadas e populismo carismático em regimes autoritários –, por sua vez, não agiam exclusivamente na região, mas surgiram em diversos governos latino-americanos em consolidação.

Muitas outras nações declarariam a independência e formariam o atual quadro de nações latino-americanas, principalmente durante o século XIX. O processo de independência na América Central não terminou na primeira metade do século XIX. Todavia, boa parte das futuras nações recebeu influências desses Estados emergentes que desafiaram o poder espanhol e de governos déspotas e autoritários. Esses países seguiriam em sua consolidação política de forma plural, presenciando diversos regimes, golpes e sucessos ao longo do desenvolvimento de seus povos. A diversidade histórico-política na Mesoamérica e no Caribe ainda hoje é um desafio para os estudos de política comparada. Entretanto, ao examinarmos alguns dos principais processos de colonização e independência como os aqui expostos, podemos ampliar a compreensão sobre essa região da atual América Latina e entender que se tratou de processos com causas comuns, mas que resultaram em consequências por muitas vezes distintas.

(3.2)
Processos de independência na América do Sul

Na América do Sul, muitos movimentos foram incitados pelas Guerras Napoleônicas, de 1803 a 1815, que se mostraram uma oportunidade para a Grã-Bretanha ampliar seus mercados ao incentivar os processos de independência das nações latino-americanas. Além de sitiarem Espanha e Portugal, essas guerras forçaram a vinda da família real portuguesa ao Brasil, em 1808, sob proteção da Grã-Bretanha.

A transferência da corte de Portugal para o Rio de Janeiro é vista como o primeiro passo para o processo de autonomia do Brasil e, consequentemente, sua independência. Em paralelo a isso, como as colônias espanholas estavam sem uma metrópole livre e sem proteção internacional, a Grã-Bretanha, aproveitando-se dessa situação, passou a dialogar diretamente e até mesmo a bombardear cidades litorâneas das colônias espanholas, para que as elites locais se tornassem livres da Espanha e declarassem sua independência.

Em 1815, o Brasil já não era mais colônia, mas Reino Unido de Portugal, Brasil e Algarves. Todavia, foi apenas em 1822 que a ex-colônia portuguesa e então parte autônoma do Reino de Portugal alcançou um passo a mais em sua autonomia, declarando-se independente. Nos mesmos moldes do México, o Brasil seguiu por um caminho político centralizador, mas mantendo uma grande estabilidade política, se comparado com seus vizinhos latinos, ao adotar uma continuidade dinástica apoiada pelas demais potências europeias.

Paralelamente ao surgimento do Império do Brasil, as colônias espanholas na América do Sul adotaram o modelo republicano, influenciadas pelo modelo dos Estados Unidos da América. Assim, criaram-se dois grupos de processos distintos na região: os processos de independência e consolidação das repúblicas hispânicas – por rescisão – e a independência imperial brasileira – por uma continuidade das elites políticas.

Na América do Sul espanhola, diversos grupos políticos dinamizaram o processo de independência após a subordinação da Espanha à política da França napoleônica. Causando grande instabilidade e fragilidades nas relações entre os vice-reinos espanhóis e a metrópole europeia, os grupos de elites locais, incentivados pelos movimentos de independência de outras nações americanas, como os Estados Unidos e o Haiti, decidiram lutar por maior autonomia política e liberdade econômica. Uma figura que se destacou no processo de independência na região foi Simon Bolívar. Ao lutar pela independência, a intenção dele era o pan-americanismo, ou seja, unificar a América hispânica e adotar a república como sistema político. Suas propostas políticas e lideranças na América do Sul conseguiram libertar os vários vice-reinos e demais áreas do domínio espanhol.

As fragmentações de Nova Granada, originando Colômbia e Venezuela, em 1811, e a divisão do Peru, originando o novo Peru e a Bolívia, em 1825, mais a criação do Equador, ainda em 1822, reproduziram os interesses fragmentados de suas elites políticas já fortalecidas desde a criação dos vice-reinos espanhóis. Diferentemente do Brasil, que se manteve como uma colônia unida – mesmo com processos separatistas e a perda da Cisplatina, em 1828 –, as repúblicas hispânicas entraram em constante conflito entre si pela delimitação de suas fronteiras nacionais.

Após os processos de independência, o grande desafio residiu na definição de identidades nacionais, o que passava, necessariamente, pela definição de seus territórios. Em 1826, foi realizado o Congresso do Panamá, idealizado por Simon Bolívar, cuja finalidade seria articular uma integração política das novas nações, redefinindo suas fronteiras como uma única nação hispânico-americana. Entretanto, com a ausência de importantes Estados hispânicos, como Argentina e Chile, bem como com os interesses divergentes dos grupos de elites de cada nação, a fragmentação se manteve prioridade dos interesses no continente para que fossem mantidas as divisões do período colonial.

No caso português, a família real se encontrava livre, gozando de poderes para defender seus interesses na própria colônia, centralizando, mais do que nunca, a política na região. A transferência da corte para o Brasil e o apoio estratégico britânico salvaram das investidas francesas a segurança do governo português. Em 1808, a abertura dos portos por D. João VI rompeu o pacto colonial, acalmando a maioria dos movimentos libertários contra o antigo regime da colônia, mas aumentando a dependência em relação ao domínio britânico. Os acordos entre Portugal e Grã-Bretanha foram cumpridos, mantendo um relacionamento de trocas comerciais, apoio financeiro à nova empreitada e apoio político, o que descartou a necessidade de ataques britânicos ao Brasil. Entretanto, a transferência do governo português não explica de todo o sucesso da unidade territorial brasileira.

Um dos fatores para que o Brasil não seguisse a onda de fragmentação territorial hispânica foi o sistema aqui imposto durante os séculos XVII e XVIII. O Brasil Colônia nunca desfrutou das grandes estruturas administrativas da América espanhola, como os Vice-Reinos da Nova Espanha e do Peru. Esses sistemas administrativos favoreciam as elites locais, que, quando independentes, buscaram priorizar seus próprios interesses, já estabelecidos no período colonial. No Brasil, o poder e os interesses das elites sempre foram rigorosamente centralizados pela Coroa Portuguesa. A forte dependência de subsistência entre as regiões da colônia, por meio de um intenso fluxo intercomunicativo – promovido pela exploração da agropecuária expansiva, pela busca de recursos minerais e pelas ligações fluviais e marítimas –, criava um cenário de submissão às políticas centradas na capital.

Não devemos esquecer que a unidade territorial brasileira foi resultado de uma longa e árdua conquista do Estado monárquico centralizador contra os vários movimentos separatistas que abalaram desde a colônia, passando pelo Reino Unido de Portugal, pelo Brasil e por Algarves, bem como durante o Império independente em suas primeiras décadas. Soma-se a essa característica a própria identidade da elite. Diferentemente da elite econômica espanhola que nascia na América, fato que ocasionava a perda de parte de seus direitos como cidadãos espanhóis, no Brasil, os que aqui nasciam livres gozavam dos mesmos direitos que seus compatriotas na Europa; alguns tinham a possibilidade de estudar nas universidades e visitar a capital sem grandes barreiras. Essa identidade portuguesa também se colocou como um dos desafios ao crescimento de uma identidade local desvinculada de Portugal.

Após o período dos processos de independência, iniciavam-se a consolidação do Estado, a construção da nação, de seus interesses nacionais, das necessidades geopolíticas e a ordenação de seus posicionamentos na hierarquia de poder no subsistema sul-americano. O continente estava acabando de sair do período colonial, passando a ser palco de atores independentes com muitos conflitos interestatais, em virtude da fragilidade intraestatal. A política interna dos novos países hispânicos passava por um momento de instabilidade devido aos choques de interesses entre as elites vindas do sistema colonial e as beneficiadas com os novos sistemas políticos, o que transpassava para a política externa da região.

No Cone Sul, Argentina, Uruguai, Paraguai e Brasil disputavam o controle político e comercial da Bacia do Prata, uma área de extrema importância para a geopolítica do continente por sua malha fluvial, ligando o interior sul do continente ao Oceano Atlântico. A região da Bacia Amazônica também exigia grandes esforços das diplomacias brasileira, peruana e colombiana. Questões como a liberalização da utilização dos recursos hídricos, a legitimidade dos povos ribeirinhos e a livre navegação, que contavam ainda com a defesa dos interesses estadunidenses, foram tratadas em esfera jurídica, da segunda metade do século XIX, pelo Visconde do Uruguai e pelo Visconde do Rio Branco, até o início do século XX, com a atuação do Barão do Rio Branco.

O Chile, ainda que tendo interesses no Atlântico, esforçava-se para manter e expandir seu território pelo Pacífico. A relação com os países andinos, como com a Bolívia, também era conflitante.

Os interesses envolvidos entre manter a saída boliviana para o Oceano Pacífico e a conquista chilena de mais territórios ricos em recursos instauravam novas disputas internacionais que contribuíam para a instabilidade da América Latina. Os choques de cunho territorial resultaram em grandes batalhas diplomáticas e militares, como a Guerra do Paraguai – na qual Brasil, Argentina e Uruguai enfrentaram o poder militar e político do Paraguai – e a Guerra do Pacífico – conflito que durou de 1879 a 1884, no qual uma aliança entre o Peru e a Bolívia enfrentou o Chile, que saiu vitorioso e tomou a passagem boliviana para o mar. Já no norte da América do Sul, a região das Guianas era dividida entre França e Holanda, mas em 1814 a Holanda cedeu a região da atual Guiana aos britânicos.

A situação das Guianas e das demais regiões do subcontinente que passaram pelo século XIX e iniciaram o século XX ainda como colônias ou territórios ultramarinos reflete diretamente os interesses de suas metrópoles, sendo analisados nesta obra pelo resumo de interesses de suas capitais europeias. Ao longo de todo o século XIX, as fronteiras da América do Sul foram constantemente redesenhadas. O pan-americanismo de Simon Bolívar não se consolidou, e Estados como Argentina, Chile e Brasil traçaram suas próprias rotas na política externa, dando preferências às negociações clássicas bilaterais ou de coalizões. O palco da América do Sul no século XIX foi marcado pela tumultuada relação entre os atores hispânicos em oposição à atuação imperial brasileira, que conseguiu tirar proveito dessa situação política e de sua condição técnico-jurídica na diplomacia para, por meio do *uti possidetis* (direito sobre a terra aos que já a utilizam), delimitar suas fronteiras de acordo com os interesses nacionais.

Olhando agora para os processos internos de cada nação, é possível perceber proximidades e peculiaridades. Com isso, por mais que a América do Sul possa ser dividida, no século XIX, entre os processos de independência hispânicos e a independência brasileira, é preciso compreender um pouco melhor as dinâmicas políticas de cada nação. Com a independência dos Estados Unidos e do Haiti, o fortalecimento das elites locais, a ocupação das metrópoles europeias pelas tropas francesas e os novos ares iluministas e liberais que estavam por chegar, levantes regionais se multiplicaram e resultaram em processos de independência em tempos e interesses particulares. Essas peculiaridades e interesses das elites locais também podem ser considerados como variáveis importantes para a explicação do fracasso do pan-americanismo proposto por Simon Bolívar no início do século XIX.

3.2.1 Independência da Argentina

Em 1810, surge, em Buenos Aires, o primeiro governo argentino, o qual foi apoiado por um conjunto de cidades que não tardaram a ressuscitar velhos desagrados político-administrativos. Após quase quarenta anos como sede administrativa colonial (1778-1810), Buenos Aires tentou, no processo de independência, manter centralizado em si o novo corpo político nacional. Com isso, a nova capital entrou em choque com as velhas rivalidades internas do Vice-Reino do Prata, o que, por sua vez, trouxe desentendimentos a toda a região.

A relação entre capital e interior foi conflituosa por quase todo o século XIX, resultando em períodos de fragmentação do Estado. As tentativas de unir em uma só nação todas as antigas cidades e províncias produziram muitos acordos desgastados em acirrados jogos de poder. O processo de independência da Argentina não pode ser pensado apenas em sua proclamação, como um Estado-nação livre, mas em sua trajetória ao longo de todos os processos conflituosos entre governos locais e interesses nacionais, interior e litoral, e Buenos Aires e demais províncias.

Se hoje a Argentina é concebida como uma federação, devemos ressaltar que esta passou por negociações políticas intensas, até que, em 1880, ficou acordado que os atuais governos platinos aceitariam formar e atuar como uma só nação. Ao longo dessa trajetória, entre os principais fatos que mais repercutiram na história do país estão as intervenções regionais feitas pelo Vice-Reino do Peru e o desenrolar conflitante dos interesses locais que tinham como objetivo a constituição de Buenos Aires em um Estado independente. O caminho natural para a compreensão da formação argentina é o de localizar na cidade de Buenos Aires – a capital – o ponto unificador desse novo Estado.

Buenos Aires foi o pivô de muitos dos grandes desentendimentos na região, desde o período do Vice-Reino do Prata até a consolidação final da República, na década de 1880. Em 1778, Buenos Aires foi elevada à condição de capital do Vice-Reino – em detrimento de outras cidades importantes para a região, como Córdoba, Potosi, Montevidéu e Assunção –, o que inflamou a rivalidade das demais cidades que não aceitavam nem compreendiam como poderiam subordinar-se à cidade eleita. Assunção, por exemplo, reivindicava ser sede por ter sido a cidade de fundação mais antiga na região. Montevidéu fazia o mesmo, alegando ter o maior porto, e Potosi declarava ter sempre alcançado os maiores índices de produção no Prata. Em argumento da Coroa, a escolha por Buenos Aires aconteceu porque, "apesar de sua localização periférica, era o lugar ideal para se construir resistência ao avanço português" (Luna, 1995, p. 21).

Tendo Buenos Aires, de fato, se tornado a nova capital colonial, a Espanha precisou, ao menos, garantir às demais cidades uma jurisdição própria. Buscando autonomias que defendessem interesses locais, o Vice-Reino do Prata rapidamente se fragmentou em novos Estados, e Buenos Aires, ainda que enfrentando dificuldades em ser reconhecida como capital administrativa colonial, tentou centralizar o movimento de independência na região e manter-se como a capital de todo o antigo Vice-Reino do Prata.

Passando pela proclamação de independência, em 1810, até a consolidação de um Estado livre, em 1816, as províncias platinas e suas cidades seguiram em crises políticas, principalmente ao terem de reconhecer, mais uma vez, Buenos Aires como sede administrativa da região. Sem o apoio da metrópole, sitiada pelos franceses, a cidade portenha teve grande dificuldade em manter uma unidade política no Prata.

Em 13 de maio de 1810, quando as tropas inglesas anunciaram aos platinos que a França napoleônica havia destituído o rei espanhol Fernando VII e o substituído por José Bonaparte – irmão de Napoleão –, os portenhos, já nas semanas seguintes, incentivaram as elites locais para que, em 25 de maio de 1810, se organizassem em uma junta que ficou conhecida como marco inicial da Revolução de Maio ou da independência em relação à Espanha napoleônica.

> *Do cabildo de Buenos Aires emergiu o primeiro órgão de governo argentino independente da Espanha, conhecido na história como La Primeira Junta. Os membros da Junta assumiram duas tarefas principais: organizar um exército para repelir os espanhóis favoráveis a Napoleão, em nome de Fernando; e formar um congresso com representantes das diferentes províncias para governar o vice-reinado até que a ordem pudesse ser restaurada. Em 25 de maio de 1810, portenhos de todas as tendências políticas juraram obediência à Primeira Junta [...] Embora os argentinos considerem 25 de maio de 1810 como o Dia da Independência, esse juramento só pode ser considerado uma declaração de libertação da Espanha no contexto dos confusos eventos políticos da época.* (Shumway, 2008, p. 47)

O conflito político nas demais regiões da Bacia do Prata, iniciado com o surgimento da Primeira Junta em Buenos Aires, dividiu a sociedade platina em pelo menos três grandes grupos: os que queriam a independência naquele momento; os que se mantinham fiéis à Coroa Napoleônica; e os que desejavam maior autonomia política negociável apenas quando a Espanha se tornasse livre dos franceses. Os favoráveis à independência, liderados após 1812 por José de San Martín – pai da pátria argentina –, conseguiram, em 1816, proclamar a independência total em relação à Espanha.

Entretanto, as cidades do interior que defendiam a independência queriam se livrar não apenas da metrópole europeia, mas também de Buenos Aires. O próprio movimento pela independência, que durou de 1810 até 1816 e foi iniciado pelos portenhos, teve resposta armada de Córdoba, Mendonça e Salta, por meio de uma contrarrevolução que aconteceu ainda em 1810. Diferentemente de outras cidades administrativas coloniais, Buenos Aires não tinha força bélica suficiente para se impor em liderança e teve de se abrir a negociações extensas e onerosas com suas rivais. Cabildos do interior, por muitas vezes ignorados em seus pedidos de ajuda aos do litoral contra ameaças indígenas, resistiram por longo período até aceitarem fazer parte do novo governo, que duraria até 1820. O governo provisório de 1816 mal havia se instalado quando aconteceram as retiradas das tropas napoleônicas da Península Ibérica, simbolizadas pela libertação de Madri, em 1817. Esse novo fato trouxe mais um período de incertezas que ressuscitaram os conflitos iniciais da Revolução de Maio.

Por meio da instituição de um primeiro governo provisório, o qual durou de 1816 até 1820 e teve como base o diálogo entre os unitários e os federais (aqueles que defendiam um novo Estado centralizador e aqueles que defendiam uma união por autonomias subnacionais), a Argentina surgiu como um novo Estado na região. Todavia, com as mudanças no velho continente, as cidades platinas, suas províncias e suas elites caudilhas rapidamente fomentaram crises e conflitos que levaram à secessão.

Buenos Aires, ao longo de boa parte do século XIX, tentou unificar e manter um Estado argentino, sobretudo procurando se posicionar sempre ao lado das cidades do interior que, por algum motivo, se rebelavam contra os governos de suas províncias. A cidade portenha era constantemente procurada pelas cidades do interior que se indispunham com os caudilhos que as governavam e, assim, os governos provençais, para fazerem valer suas políticas em seus territórios e cidades, acabavam por ter de enfrentar Buenos Aires no campo político e, principalmente, no econômico – visto que, com os conflitos na região do Uruguai, a capital argentina havia se tornado um dos principais portos de escoamento para os produtos do interior.

A capital portenha não hesitava em dar apoio aos interesses das cidades beligerantes, objetivando enfraquecer as elites caudilhas locais e, com isso, manter-se em uma posição menos vulnerável à coalizão de suas rivais. Entretanto, ainda assim, a posição da capital não era das mais confortáveis, pois o jogo de equilíbrio de poder com as cidades e províncias não era capaz de solucionar todos os conflitos e acabou também, no século XIX, resultando em outros processos de fragmentação do Estado.

A dinâmica frágil entre os governos locais do recém-criado Estado argentino, bem como a tentativa de centralizar as decisões em Buenos Aires, levou a Argentina a passar boa parte do século XIX em lutas internas, fragmentando-se, fazendo acordos entre as partes, reunificando-se e desentendendo-se novamente. A independência se tornou então apenas uma das tantas outras etapas político-históricas para que fosse possível chegar à consolidação do atual Estado-nação argentino.

O termo *Estado-nação* é classicamente definido como a somatória entre três aspectos: território, população e governo – sendo que *território* refere-se "ao espaço geográfico de cada Estado, delimitado por fronteiras reconhecidas por outros Estados e dentro do qual esta unidade política individual possui soberania e autonomia política" (Pecequilo, 2004, p. 43). Para que houvesse uma verdadeira interação entre esses três pilares, era preciso criar símbolos gerais e uma identidade capaz de unir todos numa só nação, e a Argentina, bem como quase todos os novos Estados que surgiram na América do século XIX, teve dificuldades em encontrar um vínculo entre sua população e a nova identidade de caráter nacional.

3.2.1.1 A consolidação do Estado argentino

A cidade de Buenos Aires, já tendo sido elevada à condição de sede do Vice-Reino do Prata, em 1778 – dois anos após o desmembramento do Vice-Reino do Peru, devido a conflitos internos –, e após ter passado pelos processos de independência, de 1810 a 1816, competia politicamente com as principais cidades com as quais deveria cooperar. As fragmentações territoriais, por conflitos de interesses, e a recusa da subordinação política das províncias à cidade de Buenos Aires tornaram a integração da unidade territorial uma das maiores dificuldades para a consolidação do novo Estado argentino. Essa relação conflitante entre a cidade de Buenos Aires e suas províncias tornou a unidade argentina complexa e instável (e, portanto, demorada). Ao mesmo tempo, as novas nações da região, como a paraguaia, a uruguaia e a brasileira, passaram a se chocar com a unidade argentina diante dos riscos de ameaças territoriais.

Apesar de se tornar o maior escoadouro dos produtos para os compradores estrangeiros, Buenos Aires também dependia dos produtos vindos das províncias rivais, bem como das novas nações, para abastecer seu mercado interno. Tanto pela ausência de um senso comum como talvez por não ter existido um poder econômico, político ou bélico que se sobrepusesse aos demais, ao longo do século XIX, o antigo Vice-Reino do Prata se fragmentou em Paraguai, Uruguai e, em parte, Chile e Bolívia. Com isso, a Argentina herdou boa parte desse território colonial, mas em uma situação interna frágil. De 1820 até 1842, autonomias e secessões marcaram o cenário da primeira unidade no Prata, que só sobreviveu pela implementação dos Tratados Interprovinciais, nos quais constava que as províncias poderiam ser autônomas por pelo menos mais quarenta anos. De fato, o tratado só vigorou de 1829 até 1842.

De 1829 até 1832, o governo central argentino conferiu maior autonomia às províncias – ou aos seus caudilhos, que eram a política, a economia e a lei em suas localidades. Os debates de estruturação do novo país passaram então a ter, em teoria, maior abertura à participação do interior e das grandes cidades nas decisões nacionais.

Os envolvidos com o novo governo buscavam, com essas reformas, algo que se aproximava da essência federalista; "diferente do Brasil que o Imperador escolhia os responsáveis pelas províncias na Corte, na Argentina as pessoas se reuniam e designavam alguém que as representassem em Buenos Aires" (Luna, 1995, p. 41). Mas, a partir de 1832, sob as novas ideias de Juan Manuel de Rosas, as províncias se sentiram ameaçadas por um plano político centralizador e começaram a deixar de apoiar Buenos Aires.

No início da década de 1840, Rosas já havia tomado o controle ditatorial da Argentina e, com o apoio dos franceses, passou a controlar militarmente grande parte do território argentino, o que resultou em diversas revoltas e uma guerra civil. Entre as principais características desse governo, destacamos seu caráter progressista, em virtude da fundação de novas cidades, da regulamentação do Judiciário, da alteração do Código Comercial, além da assinatura de tratados de paz com chefes indígenas, favorecendo a pacificação das fronteiras.

Em 1832, Juan Ramón Balcarce assumiu o governo argentino, mas não foi bem-sucedido e, em 1835, a Argentina voltou para o comando de Rosas. O governo seguinte foi o do General Urquiza (1854-1860), marcado pela fragmentação territorial do país, decorrente do desentendimento entre províncias. Durante as décadas que se seguiram, a Argentina continuou a passar por atritos internos, principalmente com os povos indígenas, sendo que os conflitos entre argentinos (não indígenas) e os povos nativos já vinham ocorrendo há décadas – um dos marcos para esses confrontos foi a centralização política em torno de Buenos Aires, em 1862, que alterou as relações entre as comunidades indígenas e os *criollos* no país. Nesse período, os povos indígenas localizados ao sul da linha definida por Buenos Aires, Córdoba, San Luis e Mendoza resistiram ao projeto proposto.

No contexto da centralização política de Buenos Aires, dois líderes nativos passaram também a centralizar o poder de outros grupos indígenas, o que movimentou toda uma rede administrativo-burocrática própria que permitia a eles se manterem infomados e presentes em decisões sobre os rumos políticos traçados por Buenos Aires. Eram eles: Juan Calfucurá, líder da confederação de Salinas Grandes – região atualmente da província de Pampa –, e Paghirtruz Guor, da etnia ranquel, em Leuvucó – atual San Luis. Ambos tinham em comum a preocupação com os projetos expansionistas portenhos, que não levavam em consideração os povos indígenas e seus direitos, principalmente em relação à posse territorial. Iniciaram-se, assim, recorrentes invasões indígenas às zonas pecuaristas, o que levou o então presidente Domingos Faustino Sarmiento (1868-1874) a propor um tratado de paz, que, no entanto, não durou por muito tempo, uma vez que os governos provinciais e o nacional argentino deram início a diversos ataques contra grupos indígenas. Essa situação de conflito continuou nos anos seguintes e desencadeou a grande Campanha do Deserto, em 1879.

A Campanha do Deserto (ou Conquista do Deserto) foi um dos principais eventos políticos internos da República Argentina no século XIX. O evento consitiu em uma campanha militar realizada pelo general e, posteriormente, presidente Julio Argentino Roca contra os diversos povos nativos ao sul do território argentino, como os mapuche, os tehuelche e os ranquel.

O principal objetivo do governo de Roca foi obter o domínio territorial da região do Pampa e da Patagônia Oriental, com forte presença indígena. A Campanha do Deserto foi caracterizada pelo genocídio dos povos indígenas patagões – os que sobreviveram foram expulsos de suas terras e deslocados para zonas mais periféricas da Patagônia. Apesar de esse ter sido um processo interno, o governo argentino se utilizou também de um discurso sobre ameaça internacional, justificando a ação como iniciativa contra as ameaças chilenas que supostamente poderiam tentar conquistar o território em questão.

Ao final do século XIX, com o território mais estabilizado diante do controle nacional, as elites econômicas começaram a se preocupar em fortalecer a nova nação sustentada pelo desenvolvimento integrado da agropecuária. A elite econômica agropecuarista passou então a dominar a economia e, consequentemente, o cenário político nacional nessa nova fase de integração nacional. A estabilidade interna e externa se tornou necessária para a ampliação dos ganhos comerciais e diplomáticos e, com isso, as relações de tolerância aumentaram.

A busca pelo respeito ao federalismo foi o primeiro passo para a consolidação da Argentina moderna, e o comprometimento das províncias em não voltarem ao antigo sistema de jogos de poder entre províncias e cidades possibilitou mais um avanço na unidade territorial e na consolidação de uma identidade nacional integrada. Gradativamente, a representatividade política dentro das províncias, após 1880, cresceu, e a política nacional argentina se tornou um espaço aberto para debates e decisões de interesses tanto das cidades como dos provençais, que concordaram em seguir um novo governo central, do qual participariam e fariam parte como uma federação.

3.2.2 Independência e Guerra do Paraguai

Cansada dos conflitos entre o Vice-Reino do Prata e o Vice-Reino do Peru, a cidade de Assunção, em 15 de maio de 1811, aproveitou o momento frágil da Espanha e declarou independência com a criação do Estado do Paraguai. O Dr. José Gaspar García Rodríguez de Francia foi quem governou o país até sua morte, em 1840. Muito se defende que, durante os primeiros anos de independência, o Paraguai se manteve isolado das demais nações vizinhas por ter um governo extremamente centralizador. Isso ocorria, sobretudo, em decorrência de uma realidade geopolítica, na qual o Paraguai estava cercado por Estados expansionistas, tanto do Império do Brasil como da Argentina. Por um cerco geopolítico, o governo precisou desenvolver uma subsistência à economia da nação. Assim, a subsistência agrícola e o desenvolvimento de uma indústria primária para consumo de bens essenciais foram incentivados pelo governo.

Em 1840, assumiu o governo Carlos Antonio López, que revisou a política externa para atender aos interesses dos grupos econômicos locais, abandonando o isolacionismo na região. Em seu governo, o comércio foi expandido e passou a incentivar a vinda de pesquisadores e técnicos estrangeiros. Dessa forma, o Paraguai gozou de relativa estabilidade política por meio de um crescimento econômico moderado e centralizador. Todavia, durante o governo de Antonio López, as forças armadas foram reforçadas e receberam forte investimento para que o acesso comercial e internacional do Estado, através dos rios da Bacia do Prata até o Oceano Atlântico, fosse mantido e, mais tarde, sob controle de seu filho Francisco Solano López (1862-1870), fosse ampliado.

Solano López, incomodado com a fragilidade geopolítica de sua nação, sem acesso direto aos mares, buscou uma solução para o problema tentando estabelecer relações com o Uruguai, que, por influência política do Brasil e da Argentina, mostrou-se pouco receptivo aos planos paraguaios.

A chamada *Guerra do Paraguai* aconteceu nos anos de 1865 a 1870, entre o Paraguai e a Tríplice Aliança (composta por Argentina, Brasil e Uruguai), e é tida como um dos piores conflitos internacionais ocorridos na América Latina. Esses anos de combate tiveram consequências desastrosas para todos os envolvidos nas áreas econômica, política e social. Os conflitos bélicos custaram muito ao Paraguai, que perdeu seu exército e dois terços de sua população.

Como pagamento de dívidas de guerra, parte do território paraguaio foi dado ao Brasil e à Argentina. Uma parcela do seu território (nordeste) foi anexada ao Brasil, atual território do Mato Grosso do Sul, e outra à Argentina, atual Formosa. A economia paraguaia continuou comprometida pelas décadas seguintes e buscou se reerguer ao final do século XIX com os novos regimes republicanos.

A Guerra do Paraguai se tornou um dos maiores conflitos americanos no século XIX e entrou para a história como o maior conflito armado internacional ocorrido na América do Sul. Segundo a obra de Júlio José Chiavenato, *Genocídio americano: a Guerra do Paraguai* (1979), o Estado paraguaio teria sido quase uma potência regional, bem como um país autossuficiente, com um exército poderoso que buscava uma navegação garantida pela Bacia do Prata para chegar ao Oceano Atlântico, mas que encontrou uma rivalidade com a Argentina e o Brasil. Esses países, sentindo-se ameaçados e influenciados pelos interesses ingleses, acabaram por incitar a guerra.

Entretanto, de acordo com alguns historiadores, como Francisco Doratioto (2002), essa interpretação não passaria de um mito, sobretudo ao colocar argentinos e brasileiros como marionetes dos ingleses na defesa dos seus interesses econômicos na região platina. O Paraguai de Francia e Solano López, de acordo com esse autor, nada mais seria que uma nação em busca de uma reconfiguração geopolítica da região por meio do tradicional uso da força, que erroneamente mensurou ser superior à de seus vizinhos. Outro fator importante ressaltado por esse autor é que o Paraguai tinha uma boa receita de exportações com base na madeira e na erva-mate, mas não ao ponto de ser autossuficiente ou uma potência industrializada regional.

As relações do Paraguai com seus vizinhos se mostravam conflitantes desde sua independência, especialmente diante de questões territoriais com a Argentina. Historicamente, as perdas territoriais paraguaias para seus vizinhos começaram quando a província de Misiones foi cedida à Argentina, em 1852, por Carlos Antonio López, pai de Francisco Solano López, em troca do reconhecimento argentino da independência paraguaia. Já a província de Formosa foi perdida após a Guerra do Paraguai, chamada pelos paraguaios de *Guerra de la Triple Alianza*.

Para a Argentina, a Guerra do Paraguai havia representado um passo decisivo para completar o processo de formação de sua integração política nacional, pela eliminação ou incorporação da maioria das oposições provinciais ao governo de Buenos Aires diante da ameaça externa. A oligarquia portenha se sentia à vontade para aspirar à efetiva aplicação do tratado da Tríplice Aliança, que lhe daria de presente todo o charco paraguaio. O governo argentino, chefiado então por Sarmiento, empenhou-se em pôr em prática sua política anexionista.

No contexto pós-guerra, o primeiro fator a ser levantado foram os acordos e tratados firmados pelos países envolvidos no conflito. A guerra chegou ao fim em 1870, mas as negociações dos acordos de paz demoraram a ser concluídas, em decorrência, sobretudo, da recusa do governo argentino em reconhecer a manutenção de uma nação paraguaia na região, bem como do fato de não concordar com os limites da região dos charcos com o Império do Brasil. As discussões territoriais, após o fim da Guerra do Paraguai, arrastaram-se por dois anos, tornando-se mais graves a partir de janeiro de 1872, quando o Barão de Cotegipe do Brasil assinou um tratado em separado com o governo títere de Assunção. Os protestos de Buenos Aires criaram um clima em que a possibilidade de guerra contra o Império do Brasil não poderia ser descartada, principalmente porque o governo do Rio de Janeiro, apresentando-se como benévolo perante os paraguaios, contentou-se com a fixação de fronteiras nos limites reivindicados antes da guerra e contestados por Solano López.

Finalmente, em 3 de fevereiro de 1876, o Tratado de Irigoyen-Machain, entre Buenos Aires e Assunção, aceito pelo Rio de Janeiro, encerrou a questão. Segundo esse documento, a Argentina teria direito a uma parte do território do Charco até o Rio Pilcomayo e as tropas brasileiras se retirariam do Paraguai, respeitando as cláusulas brasileiro-paraguaias de 1872 (Mendes Junior; Maranhão, 1983, p. 63). As disputas em relação à região limítrofe entre os Estados paraguaio e argentino foram resolvidas por meio de negociações bilaterais entre as partes, mas foi somente em 1876, durante a Conferência de Buenos Aires, que a Argentina reconheceu a independência do Paraguai. O Brasil, por sua vez, assinou um tratado bilateral e de paz com o Paraguai em 1872, no qual conseguiu o direito de navegação no Rio Paraguai, além de serem definidas as fronteiras entre os dois países conforme reivindicações do Estado brasileiro antes dos conflitos.

Por mais que as relações internacionais entre os países viessem mais tarde a se restabelecer, os resultados internos da Guerra do Paraguai foram desastrosos para os envolvidos. Na área econômica, um dos principais desafios foram as dívidas resultantes dos empréstimos realizados antes e durante o conflito. Já no campo social, além do elevado número de mortos e da perda de mão de obra, houve um alastramento de doenças pelos territórios.

O Paraguai saiu derrotado dessa guerra, sem governo definido e endividado. Para solucionar essa situação, foi necessário, antes de tudo, formar um novo governo permanente. Assim, em 1870, foi estabelecida a Convenção Nacional Constituinte do Estado, na qual foi eleito Cirilo Antonio Rivarola como presidente e estabelecida uma nova Constituição, que vigorou até 1940. Porém, mesmo com a instituição de um novo governo, o país continuou sendo ocupado pelos exércitos dos países vitoriosos da Tríplice Aliança. As negociações entre as partes seguiram após o estabelecimento de um novo governo no Paraguai, mas não de maneira igualitária, uma vez que o Estado paraguaio estava arrasado econômica e militarmente, além de a população ter sido dizimada, tanto em decorrência dos conflitos quanto por doenças que se alastravam pelo território e pela fome.

Na América do Sul, o Paraguai era um caso à parte em relação à política e à economia. Com um modelo de desenvolvimento autônomo, mas justamente em decorrência dessa "autonomia", o país havia se isolado dos demais Estados. Com o advento da guerra ocorrida entre 1864 e 1870, fez-se necessária uma contração de empréstimos exteriores, nesse caso, com a Grã-Bretanha. Em decorrência dos inúmeros empréstimos e dos gastos com a guerra, o Paraguai não conseguiu desenvolver-se economicamente. Outro fator que contribuiu para essa situação de estagnação foi a retirada da população para o interior a fim de produzir uma cultura agrícola de subsistência, o que prejudicou as bases da indústria e das exportações do país. Dessa forma, a nação paraguaia se tornou dependente da importação de produtos estrangeiros, contraindo mais e mais empréstimos que, até a eclosão da guerra, não haviam se mostrado tão necessários.

O Uruguai, por sua vez, foi o país com menos expressão dentro do conflito e que menos sofreu com seus resultados negativos. Ao contrário, o Uruguai conseguiu sair da guerra com suas instituições políticas muito mais fortes. Já a Argentina, que teve de lidar com várias rebeliões internas contra o governo, pelo descontentamento com os conflitos, pelo elevado número de mortos e pela dívida contraída, conseguiu obter grande parte do território paraguaio, além de ter se beneficiado economicamente com o abastecimento de suprimentos das tropas aliadas nos conflitos, uma vez que as batalhas ocorreram na Bacia do Prata, sem comprometer a produção e o comércio de suas cidades. O Brasil, assim como Paraguai e Argentina, saiu endividado do conflito, o que levou nosso país a uma crise financeira. Em números, a situação era a seguinte: entre 1824 e 1865, o país havia tomado por empréstimo 18.138.120 libras esterlinas; já em 1871, a dívida tinha aumentado em mais 3 milhões; e quatro anos depois, em 1875, em mais 5.301.200. No fim do período imperial brasileiro, ocorreram mais quatro empréstimos, que totalizaram 37.202.900 libras esterlinas. Entre 1871 e 1889, o Brasil havia recebido por emprétimo 45.500.000 libras esterlinas (Pomer, 1968; Rippy, 1959).

Mas nem todos os resultados foram negativos para o Império do Brasil. Após os conflitos, o país conseguiu assegurar o acesso de navegação ao Rio Paraguai, necessário para abastecimento e defesa da então Província do Mato Grosso, além de ganhos territoriais em áreas de antigos litígios, como entre o Rio Ugureí e a Serra de Maracaju. Com a vitória da Tríplice Aliança, o Exército Brasileiro ganhou força e poder político, o que garantiu a discussão em torno da escravidão no país, uma vez que grande parte dos soldados que lutaram no conflito era constituída de escravos e permaneceu nessa condição mesmo após a vitória, fato que levou os militares a questionar essa situação e as decisões dos políticos do Partido Conservador.

O Exército Brasileiro passou a se configurar como uma das forças para o republicanismo no Brasil, não tanto ao questionar a figura do imperador, mas principalmente ao questionar o poder das elites políticas conservadoras do interior que se sustentavam pela força escrava e impediam ganhos políticos aos militares. Assim, as Forças Armadas imperiais brasileiras passaram a ter um papel mais expressivo no cenário político nacional. De modo geral, a principal consequência do conflito para os quatro envolvidos foi na área econômica. Em níveis diferentes, todos saíram endividados do conflito, tendo de lidar com questões internas nas áreas econômica, social e de saúde, o que prejudicou o desenvolvimento desses países nas décadas seguintes.

A formação da Argentina e do Paraguai se estendeu ao menos por um século de intrincadas relações de poder sob o equilíbrio dos interesses caudilhos na região. Enquanto esses interesses locais conflitavam entre si, crises e secessões se fizeram permanentes no cenário político platino dos séculos XVIII e XIX. Se no século XVI os cabildos andinos se desenvolveram e se articularam em Lima – como sede do Vice-Reino do Peru – para isolar os cabildos do Cone Sul, estes, por sua vez, se mantiveram em uma relação frágil que dificultava a defesa de seus interesses como unidade regional. Por outro lado, isolados em suas próprias subsistências, as elites platinas responderam historicamente ao cerco comercial andino com o fortalecimento de uma interdependência comercial especializada que possibilitou maior autonomia econômica.

3.2.3 Fragmentação do Vice-Reino da Nova Granada

O enfraquecimento de Lima, na segunda metade do século XVIII, bem como o da Espanha, sitiada pelos franceses de Napoleão, trouxe tempos de incertezas e um cenário de lutas e levantes favoráveis aos processos de autonomia que redesenhariam as fronteiras da América do Sul ainda no século XIX. A partir de então, o Vice-Reino do Peru e o Vice-Reino da Nova Granada também podem ser vistos como parte desse processo de enfraquecimento do antigo Império Espanhol e fortalecimento dos grupos de identidades locais que se fragmentaram de acordo com os interesses das elites políticas e econômicas regionais.

Enquanto a Argentina e o Paraguai buscavam se consolidar no Cone Sul, acima dos Andes, perpassando as cidades de Bogotá e Caracas, o Vice-Reino da Nova Granada se distanciava dos interesses político-econômicos de Lima, bem como disputava internamente o controle das políticas coloniais. No Vice-Reino da Nova Granada, moldavam-se os futuros Estados da Colômbia e da Venezuela, centrados em suas respectivas cidades: Bogotá e Caracas. Depois que a Espanha caiu em poder de Napoleão Bonaparte, os *criollos* de Caracas e Bogotá iniciaram suas respectivas revoluções derivadas de atritos entre suas elites políticas. Como peça fundamental desse processo estava Simon Bolívar.

3.2.3.1 Simon Bolívar e os processos de independência andinos

Os representantes espanhóis para a região, entre eles o governador Vicente Emparán, foram destituídos para que uma junta representasse os direitos do rei espanhol Fernando VII, preso na França por Napoleão, de 1808 a 1813. O primeiro congresso nomeou então um triunvirato composto por Cristóbal Mendoza, Juan de Escalona e Baltasar Padrón. Unindo-se aos representantes de outras partes filiadas a Caracas, a junta governativa declarou a independência da Venezuela em 5 de julho de 1811. Francisco de Miranda, que retornara à América, chamado por Simon Bolívar, assumiu como o segundo governante da nação venezuelana ao ser nomeado pelo Congresso em 1812. Logo em seguida, em 1813, Bolívar assumiu a presidência da Venezuela, até 1819, durante um período de instabilidades e tentativas de reconhecimento internacional.

Em 1813, Simon Bolívar foi nomeado comandante das forças venezuelanas pela Junta Revolucionária. Bolívar, filho de ricos fazendeiros *criollos*, lutou e liderou movimentos de independência nas colônias espanholas na América do Sul. Juntamente com os movimentos de independência, Bolívar invadiu a Venezuela e conseguiu conquistar Caracas em 1813. Porém, neste local, José Tomás Rodriguez Boves, comandante das tropas realistas, conseguiu acabar com os planos de Bolívar e com a independência de Caracas. Desse modo, a Segunda República, criada a partir da conquista de Bolívar, foi extinta e os defensores da independência venezuelana exilados.

Em 1815, a luta de Bolívar recomeça, com a ajuda do presidente Pétion, da República do Haiti, e de uma legião estrangeira de soldados britânicos e irlandeses. A nova luta levou, apoiada pelo general caudilho José Antonio Páez, em 1816, à ratificação de Bolívar como novo presidente da República. Três anos mais tarde, em 1819, Bolívar conseguiu libertar o que restava do Vice-Reino da Nova Granada, que estava sob domínio franco-espanhol, na batalha que ficou conhecida como Boyacá. No mesmo ano foi proclamada a República da Grande Colômbia, que reunia a Nova Granada e a Venezuela, tendo como capital Bogotá. Além disso, foi feito o Congresso de Angostura, no qual Bolívar apresentou o projeto de uma Constituição fundamentada nos princípios da liberdade republicana. Em 1820, após a incorporação dos habitantes de Maracaibo à causa independentista, a guerra na região se reiniciou e, em 1821, Bolívar derrotou o exército realista na batalha de Carabobo. As últimas forças realistas foram destruídas em Puerto Cabello, em 1823, permitindo que as tropas de Bolívar seguissem para o sul, libertando o Peru em 1824 – que desde 1821 havia entrado em conflito por sua independência. No ano seguinte, em 1825, a Bolívia conquistou sua independência.

Durante a ausência de Bolívar na Grande Colômbia, irromperam antigas rivalidades regionais entre suas elites políticas, o que resultou, em 1829, na separação da Venezuela, seguida pelo Equador. No ano seguinte, Bolívar morreu perto da cidade colombiana de Santa Marta, sem ter conseguido realizar o sonho de unir a América hispânica (Espitia, 2004). A Grande Colômbia era formada pela Nova Granada e pela Venezuela, tendo o Equador sido incorporado posteriormente. Pouco depois, houve falta de consenso entre federalistas e unionistas. Após vitórias dos primeiros, Venezuela e Equador se separaram do país e passaram a constituir duas repúblicas distintas. As divisões internas, políticas e territoriais levaram à secessão da Venezuela e de Quito (atual Equador) em 1830.

O chamado *Departamento de Cundinamarca* adotou o nome *Nova Granada* (Espitia, 2004), que se manteve até 1856, quando se tornou a denominada *Confederação Granadina*. Depois de uma guerra civil de dois anos, em 1863, os Estados Unidos da Colômbia foram criados e duraram até 1886, quando o país finalmente se tornou conhecido como *República da Colômbia*. As divisões internas permaneceram entre as forças dos dois partidos políticos, resultando, em alguns momentos, em guerras como a Guerra dos Mil Dias (1899-1902). No século XX, as intenções dos Estados Unidos da América (EUA) e de algumas nações europeias em criar o Canal do Panamá[1] resultaram na separação do Departamento do Panamá, em 1903, e no seu estabelecimento como uma nação independente da Colômbia.

Já o Peru teve seu processo de independência em 1824 como consequência da própria fragmentação política regional. A independência peruana foi resultado de um lento processo de desentendimento entre a elite *criolla* e o Império Espanhol. José de San Martín, da Argentina, com a ajuda das tropas de Simon Bolívar, proclamou a independência peruana em 28 de julho de 1821. Entretanto, a emancipação, que, como na maioria dos países, só fez mudar o domínio dos nativos da esfera real para o controle da elite local, finalmente ocorreu em dezembro de 1824, quando o

---

1. *O Canal do Panamá foi executado em 1914. Em 1921, sete anos após a conclusão do canal, os EUA pagaram 25 milhões de dólares para a Colômbia, que reconheceu a independência do Panamá nos termos do Tratado Thomson-Urrutia.*

General Antonio José de Sucre derrotou as tropas espanholas na Batalha de Ayacucho.

Entre 1840 e 1860, o Peru desfrutou de um período de estabilidade sob a presidência de Ramón Castilla, por meio do aumento da receita do Estado com as exportações de guano. No entanto, em 1870, esses recursos foram desperdiçados, o país estava pesadamente endividado e a luta política voltou a intensificar-se. A Espanha ainda tentou reaver suas colônias americanas, como fizera na Batalha de Callao, mas, em 1879, acabou por reconhecer a independência peruana.

3.2.4 A independência do Chile e a Guerra do Pacífico

Além das guerras de independência, o Peru ainda entrou em conflito com o Chile e saiu derrotado no que ficou conhecido como *Guerra do Pacífico*, a qual durou de 1879 até 1883. Os primeiros europeus a chegarem ao Chile, em 1520, pertenciam a um grupo liderado por Fernão de Magalhães, que procurava o caminho para o Oceano Pacífico, o qual ele mesmo batizou, onde fica atualmente a cidade de Punta Arenas, na Patagônia. Diego de Almagro posteriormente realizou uma expedição até o vale de Coquimbo. Os habitantes originários dos vales centrais do Chile impediram o avanço da expedição até o sul, forçando-os a voltar ao Peru. Em 1540, Pedro de Valdivia liderou a expedição que fundaria finalmente a cidade de Santiago, atual capital do Chile. Submetendo-se ao Vice-Reino do Peru por todo o processo de colonização, a proclamação da República do Chile, em 1818, possibilitou maior autonomia de gestão regional.

O movimento de independência do Chile, que ocorreu entre os anos de 1817 e 1818, foi liderado por Bernardo O'Higgins e libertou o país da histórica dominação espanhola, porém colocou a nova nação na órbita do imperialismo britânico, uma vez que, a partir da década de 1920, as oligarquias conservadoras assumiram o controle político do país, apoiadas pela Igreja Católica, preservando, portanto, os privilégios da elite *criolla*. Nesse sentido, a vida econômica da nação continuou a ser fundamentada no latifúndio agrário e pecuarista da Região Sul e na exploração mineral da Região Norte.

No conflito pela independência do Chile, o Peru mantinha como aliado a Bolívia, e ambos defendiam questões territoriais em face do expansionismo chileno sobre o Deserto do Atacama e o controle do Porto de Antofagasta. Ao final da guerra, o Chile anexou ricas áreas em recursos naturais de ambos os países derrotados. O Peru perdeu as províncias de Arica e Tarapacá, e a Bolívia teve de ceder sua província de Antofagasta, ficando sem saída soberana para o mar, o que gerou uma área de fricção na América do Sul. Durante a ocupação chilena de Lima, autoridades militares chilenas transformaram a Universidade Nacional Maior de São Marcos e o recém-inaugurado Palacio de la Exposición em quartéis, invadiram as escolas médicas e outras instituições educacionais, saquearam o conteúdo da Biblioteca Nacional do Peru e transportaram milhares de livros (incluindo volumes originais e obras raras), além do estoque de capital que foi levado para Santiago do Chile e de uma série de monumentos e obras de arte que decoravam a cidade. (Chisholm, 1911)

Lutas internas após a Guerra do Pacífico foram seguidas por um período de estabilidade no âmbito do Partido Civil do Peru, que durou até o início do regime autoritário de Augusto Leguía, de 1908 até 1912 e de 1919 até 1930 (Mücke; Andrusz, 2004, p. 193-194). A Grande Depressão de 1929 causou a queda do regime e o fortalecimento da Aliança Popular Revolucionária Americana (Apra). A rivalidade entre a Apra e a coalizão das elites e dos militares locais acabou por definir a política peruana pelas décadas seguintes, tornando-se predominantemente militarista.

A Bolívia, desde a sua independência como nação e em boa parte do século XIX, viveu em um estado de sucessivas revoluções e guerras civis intercaladas por certos períodos de estabilidade política. No ano de 1837, a nação boliviana se associou aos Estados Norte-Peruano e Sul-Peruano para formar uma nova nação, conhecida como *Confederação Peru-Boliviana*, que durou somente dois anos, sendo extinta em 1839, quando as confederações argentina e chilena e o exército de restauradores peruanos se uniram em oposição a ela. Essa revolta resultou na Batalha de Yungay.

Assim, a Bolívia retornava a sua condição de Estado independente, mas em constantes crises territoriais. Já na fundação da Organização das Nações Unidas (ONU), em 1945, a Bolívia solicitou à Assembleia Geral desse órgão que considerasse sua petição de recuperar uma saída livre e soberana para o Oceano Pacífico. Também apresentou o assunto na Organização dos Estados Americanos (OEA). Em 1953, o Chile concedeu à Bolívia um porto livre em Arica, garantindo a esta direitos alfandegários especiais e instalações de armazenamento.

Entretanto, a Guerra do Pacífico não foi o único conflito em que a Bolívia se envolveu. Além de disputas territoriais com o Brasil e a Argentina, o governo boliviano teve de enfrentar, no século XX, as tropas paraguaias na Guerra do Chaco.

3.2.5 A GUERRA DO CHACO

A Bolívia manteve diversos conflitos com seus vizinhos: com o Brasil, pelo território do Acre; com a Argentina e o Peru, pela Península de Copacabana; e com o Paraguai, onde eclodiu, em 1932, a Guerra do Chaco. O conflito não declarado durou aproximadamente 3 anos, no qual 50 mil bolivianos e 35 mil paraguaios morreram. O acesso ao mar era uma das principais questões para a Bolívia no início do século XX, uma vez que o Chile já havia tomado durante a Guerra do Pacífico – 1879-1883 – a sua saída para o Oceano Pacífico. Uma das tentativas para suprir essa necessidade foi estabelecida por meio da cooperação com o Brasil, em 1903, por via do Tratado de Petrópolis, no qual foi firmado que o Brasil realizaria a ligação Corumbá-Santa Cruz de la Sierra por meio de uma estrada de ferro que propiciaria à Bolívia a saída para o Oceano Atlântico. Desse modo, o país diminuiu sua dependência em relação ao Rio da Prata e ao Porto de Buenos Aires. Mas, em 1928, o Paraguai atacou o Fortim Vanguardia em busca do controle desse território então estratégico para a Bolívia.

Sem acesso ao litoral do Pacífico, não dispondo de acesso à Bacia do Prata e impossibilitada de alcançar o Atlântico pela via férrea, a Bolívia se viu em meio a uma forte depressão econômica. O país foi afetado pela Crise de 1929 e, decidido a reaver a passagem pela Bacia do Prata, por meio da recuperação do que considerava seu território, declarou guerra ao Paraguai. Em 1931, o presidente boliviano Daniel Salamanca determinou a elaboração de um plano para ocupação e exploração do Chaco. Um dos motivos que levaram a essa tomada de decisão foi o seu poderio militar, que era superior ao paraguaio, fazendo-o considerar a tarefa de invasão do Chaco relativamente fácil. O primeiro ato do governo boliviano para reaver o Chaco foi a suspensão das relações diplomáticas com o Paraguai e a ocupação do território, tomando o posto avançado paraguaio conhecido como *Masamaklay*. No ano seguinte, em 1932, os conflitos se desencadearam de vez.

Para o Paraguai, a região do Chaco era de fundamental importância para a economia. O país ocupava e explorava a região desde a década de 1920, estabelecendo asssentamentos agrícolas no território, além de ter construído algumas ferrovias na região com o objetivo de transportar toras de madeira de quebracho, árvore rica em tanino, material usado em curtumes de couro, até o Rio Paraguai. No caso boliviano, o Chaco não se integrava ao sistema produtivo do país, sem presença de civis na região; seu valor estava no fato de permitir uma saída entre a Bahia Negra e o Pilcomayo, para assim melhorar seu comércio exterior. Sobretudo, o que estava em questão para a Bolívia era a sobrevivência do transporte de seu petróleo. A especulação em relação à existência de petróleo na região, que poderia tirar o país da grave situação econômica na qual se encontrava, inflamou os ânimos das elites políticas e econômicas diante da questão.

Após um primeiro momento de mobilização de tropas, a Batalha de Boquerón teve início em setembro de 1932 e nela os paraguaios tentaram recuperar o seu forte conquistado. Por meio da estratégia de vencer pelo cansaço, os bolivianos abandonaram o forte por fome e exaustão. Com isso, os paraguaios não apenas reconquistaram o forte, mas puderam avançar sobre o território boliviano. Em outubro do mesmo ano, os paraguaios atacaram e recuperaram o Forte Arce. No ano seguinte, em 1933, o conflito ocorreu em torno do Forte Nanawa, quando o Exército Paraguaio, composto por menos de 1.500 soldados, conseguiu derrotar os 7.000 bolivianos. Em dezembro do mesmo ano, aconteceu o episódio que ficou conhecido como *Cerco de Campo Vía* e foi marcado pela tentativa desastrosa da Força Aérea Boliviana de atacar o Exército Paraguaio com bombas lançadas, mas que acabaram atigindo o próprio Exército Boliviano.

As derrotas recorrentes e as tentativas frustadas do Exército Boliviano de controlar a região do Chaco levaram ao golpe de Estado da Bolívia em 1934, quando o Presidente Daniel Salamanca foi deposto por oficiais de alta patente liderados pelo General Peñaranda, sendo então a presidência do país assumida por José Luis Tejada. Os conflitos do Chaco chegaram ao fim em 1935, quando os bolivianos se renderam, dando início às negociações de paz. Em julho de 1938, foi firmado um acordo de paz em Buenos Aires, no qual ficou estabelecido que o Paraguai deteria o controle de três quartos do Chaco Boreal, enquanto a Bolívia ficaria com um quarto.

Outro fator importante no término do conflito foi a descoberta da inexistência de petróleo na região. Esse foi o maior conflito bélico da história boliviana e, em três anos de contínuas lutas e perdas, a Bolívia sofreu um contínuo retrocesso que, finalmente, foi concluído em Villamontes, onde os fortes nas cordilheiras ajudaram o Exército da Bolívia a deter o avanço paraguaio. A região do Chaco passou a pertencer definitivamente ao Paraguai por meio da celebração do Tratado de Navegação e Limites de 15 de julho de 1852, no qual a Bolívia reconheceu a soberania do Paraguai sobre o Rio Paraguai.

3.2.6 Independência do Império do Brasil

No Brasil, o processo de independência e consolidação do Estado-nação pode ser revisto desde 1808, de forma diferenciada das demais nações latino-americanas, sobretudo por causa da chegada da corte portuguesa à cidade do Rio de Janeiro. Pressionado pela França napoleônica e pela Grã-Bretanha, o governo português e sua corte decidiram transferir a capital do reino para sua colônia sul-americana. Sob proteção dos britânicos, a família real e a corte portuguesa chegaram ao Brasil em 1808, causando uma inversão metropolitana, ou seja, o aparelho de Estado português passou a operar com base no Brasil, que, desse modo, deixou de ser uma colônia e assumiu efetivamente as funções de metrópole.

O passo seguinte, que conduziu à independência do Brasil, ocorreu com a eclosão da Revolução Liberal do Porto, em 24 de agosto de 1820, que impôs o regresso de D. João VI, então rei de Portugal, Brasil e Algarves, ao continente europeu, visando a um retorno também do Pacto Colonial. Pressionado pelo triunfo da revolução constitucionalista, o soberano retornou com a família real para Portugal, deixando como príncipe regente no Brasil o seu primogênito, D. Pedro de Alcântara, com sua esposa Dona Maria Leopoldina de Habsburgo. Com o receio de que o Pacto Colonial retornasse a explorar o Brasil como uma simples colônia, as elites locais se mobilizaram pela independência em relação Portugal.

A aristocracia rural do Sudeste, a mais poderosa, era conservadora – lutava pela independência e defendia a unidade territorial, a escravidão e seus privilégios de classe. Os liberais radicais queriam a independência e a democratização da sociedade, mas seus chefes, Joaquim Gonçalves Ledo e José Clemente Pereira, permaneceram atrelados à aristocracia rural. No Norte e no Nordeste, essa aristocracia enfrentava a forte resistência dos comerciantes e militares portugueses, fortes no Pará, no Maranhão e na Bahia. Os partidários brasileiros liberais apoiados pelos britânicos e os partidários portugueses entraram em conflito, causando instabilidade em diversas regiões do Brasil.

Em 9 de dezembro de 1821, chegaram ao Rio de Janeiro os decretos da corte portuguesa que determinavam o fim da Regência, o imediato retorno de D. Pedro de Alcântara a Portugal, a exigência de obediência das províncias a Lisboa (não mais ao Rio de Janeiro), assim como a extinção dos tribunais do Rio de Janeiro. Porém, essa situação não foi aceita por completo pela elite local e pela classe política, uma vez que essas exigências configuravam uma recolonização, além de trazer a possibilidade de uma explosão revolucionária, ambas situações que o Partido Brasileiro temia, fazendo-o passar a agir pela independência e pela liberdade comercial. O príncipe regente apoiou o posicionamento e permitiu o envio de emissários às províncias de Minas Gerais e de São Paulo para que pudessem conseguir a adesão das elites locais à causa emancipacionista.

Enquanto isso, no Rio de Janeiro havia sido elaborada uma coleta de assinaturas em que se pedia a permanência de D. Pedro no Brasil. O requerimento foi entregue ao príncipe em 9 de janeiro de 1822 pelo Senado da Câmara do Rio de Janeiro. Em resposta, D. Pedro decidiu desobedecer às ordens de Portugal e permanecer no Brasil, pronunciando a célebre frase "Se é para o bem de todos e felicidade geral da nação, estou pronto. Digam ao povo que fico!". O episódio tornou-se conhecido como *Dia do Fico* e D. Pedro ganhou apoio popular. Além do Fico, D. Pedro ainda impôs que qualquer decisão vinda de Portugal só poderia ser executada após sua assinatura. Esse ato ficou conhecido como o *Cumpra-se*, que deu autonomia política ao Brasil.

Nesse contexto, houve uma investida militar da Divisão Auxiliadora, unidade de linha do Exército Português estacionada na cidade do Rio de Janeiro, sob o comando do Tenente-General Jorge de Avilez, que acabou sendo expulso do Brasil com as suas tropas após ter confrontado tropas da Divisão Militar da Guarda Real de Polícia. No final de agosto de 1822, D. Pedro se deslocou à província de São Paulo para acalmar a situação depois de uma rebelião, deixando sua esposa, Dona Maria Leopoldina, como regente do Brasil. A futura imperatriz, ao receber uma carta de D. João VI vinda de Portugal, na qual se pedia a seu marido que retornasse à Europa, decidiu enviá-la a D. Pedro juntamente com outras duas cartas, uma escrita pelo Ministro José Bonifácio, que aconselhava D. Pedro a romper com Portugal, e outra feita por ela mesma, Maria Leopoldina de Áustria, apoiando a decisão do ministro e advertindo: "O pomo está maduro, colhe-o já, senão apodrecerá" (Museu Histórico Nacional, 2015). Ambas as cartas orientavam D. Pedro ao processo de secessão do Brasil em relação a Portugal e, em 1822, D. Pedro proclamou a independência do Brasil, tornando-se imperador.

Consolidado o processo na Região Sudeste do Brasil, a independência das demais regiões da América portuguesa foi conquistada com relativa rapidez. Contribuiu para isso o apoio diplomático e financeiro da Grã-Bretanha. Sem um exército e sem uma marinha de guerra, tornou-se necessário recrutar mercenários e oficiais estrangeiros para comandá-los. Desse modo, foi sufocada a resistência portuguesa nas províncias da Bahia, do Maranhão, do Piauí e do Pará. O processo militar estava concluído já em 1823, restando encaminhar a negociação diplomática do reconhecimento da independência com as monarquias europeias.

O Brasil negociou com a Grã-Bretanha e aceitou pagar indenizações de dois milhões de libras esterlinas a Portugal, num acordo conhecido como *Tratado de Amizade e Aliança,* firmado entre Brasil e Portugal. O Brasil, assim, seguiu como uma monarquia, continuando uma significativa estabilidade política e territorial, exceto pela perda da Cisplatina, que se tornou independente e resultou no surgimento do atual Uruguai.

Na política brasileira do Segundo Reinado, prevaleceu a política do consenso, ou seja, tanto o partido conservador como o liberal se intercalavam no poder e se apoiavam em temas nacionais, divergindo apenas em temas mais específicos, como em questões civis. A estabilidade política, somada ao crescimento econômico, permitiu ao Brasil se consolidar como uma nação forte, porém com muitos desafios internos. A própria decisão de se voltar para o comércio com a Europa e pouco se relacionar com os vizinhos sul-americanos só foi revista nos últimos anos imperiais. Para as elites brasileiras, as repúblicas hispânicas eram povoadas por caudilhos, e lá essas regiões ofereciam instabilidades por conta da disputa pelo poder.

3.2.6.1 Coronelismo e o poder local na Primeira República brasileira

Com o fim das Regências Isabelinas, em que prevaleceu o Partido Liberal, o qual contribuiu para a abolição da escravatura com o apoio da família imperial, no fim do Segundo Reinado, marcado pelo advento do sistema republicano de 1889, proclamado pelos militares, instaurou-se no Brasil um federalismo sustentado pelo sistema coronelista (Leal, 2012). O coronelismo, uma relação de favores e punições no interior dos estados federados do país, teria sido gerado em virtude da combinação do poder adquirido pelos governadores de estados, bem como pela decadência econômica de proprietários de terras que foram substituídos por indivíduos que alcançavam algum desenvolvimento econômico na região e não migravam para os grandes centros urbanos. Com o enfraquecimento e a debilidade do setor agrário e o consequente fortalecimento do Estado militarizado nos primeiros anos da Primeira República (1889 até 1930), conferiu-se aos líderes econômicos do interior – chamados de *coronéis* – o característico poder político eleitoral durante o período.

Para Faoro (1959), a sociedade coronelista só pode ser entendida em um contexto rural e sob certas condições, como concentração de terras, alto grau de analfabetismo da população, ausência de cidadania e fragilidade de um poder central. Nesse sistema havia a questão de hierarquia de importância entre os coronéis, que era medida em termos de influência em âmbito local, passando pelas oligarquias estaduais e pela elite nacional. O coronelismo seria o resultado de um desequilíbrio entre o centralismo e o federalismo da República instaurada no Brasil em 1889, representando a fragilidade dos poderes centrais que se sustentavam em lideranças regionais econômicas.

Segundo Colussi (1996), o coronelismo, visto como fenômeno político e social, seria a expressão de uma sociedade predominantemente rural e que abrangia a maioria dos municípios brasileiros. O poder privado se fortalecia em consequência do isolamento, do atraso econômico e da falta de comunicação dessas localidades com os centros mais desenvolvidos. O contato das populações com as lideranças políticas era comum em períodos de eleição, quando o voto significava a possibilidade de obtenção de favores ou de alguma melhoria material. Tratava-se da cooptação pelos privados da coisa pública, práticas eminentemente clientelistas e patrimonialistas.

O coronelismo também pode ser entendido como um sistema que restringiu a competição eleitoral, inviabilizou o exercício da oposição política dentro dos parâmetros institucionais e formou uma composição de parlamentares com indivíduos submissos ao governo, tornando o Legislativo um poder existente somente na formalidade – sem um poder efetivo. No Brasil, em decorrência da implantação do federalismo pela República e do surgimento do governo do estado como ator político, tornou-se necessário que as oligarquias locais e seus representantes – os coronéis – se associassem ao representante de um novo ator político: o governador.

Assim, a relação entre os governos estaduais e os coronéis passou a ser necessária. As oligarquias estaduais garantiriam a manutenção do poder do coronel no município, cedendo-lhe o controle de cargos públicos – acesso às verbas e ao poder político de mando nos municípios aos senhores locais. Em contrapartida, o coronel apoiaria o governo e garantiria os votos necessários para que o governador e seus coligados se perpetuassem no poder.

O coronelismo tinha como elemento principal o controle exercido pelo coronel sobre seus eleitores, consequentemente controlando e impedindo a competição eleitoral. Além disso, impedia o contato direto dos partidos com a grande parte do eleitorado, sendo o coronel um intermediário na negociação dos votos entre os partidos e o eleitorado. De acordo com Leal (2012), seria impossível compreender o coronelismo sem ter como referência a estrutura agrária do Brasil, pois, na visão desse autor, foi essa estrutura que forneceu as bases de sustentação das manifestações do poder privado na Primeira República, de 1889 até 1930. O trabalhador rural, sem educação, analfabeto ou semianalfabeto, sem assistência médica e informações, quase sempre tinha o patrão na conta de um benfeitor – sendo, portanto, ilusório esperar que esse homem tivesse consciência de seus direitos como cidadão, lutasse por uma vida melhor e tivesse independência política.

Nesse contexto, surgiu também a noção de clientelismo como um tipo de relação social marcada pelo contato pessoal de um senhor e seu dependente. No caso do Brasil da Primeira República, a relação clientelista foi marcada pela desigualdade entre as partes envolvidas e pelo personalismo (Carvalho, 1997). De um lado, o coronel ofertava sua proteção social e/ou econômica a sua clientela, formada por trabalhadores, e, de outro, esta lhe concedia lealdade política por meio dos votos. A liderança era exercida em meio ao carisma, à habilidade política e eleitoral e à violência do coronel, que resumia em sua pessoa importantes instituições sociais que integravam o município.

O chefe político local angariava votos por meio das benfeitorias que proporcionava ao município, se não por meio da violência, exercida sobretudo sobre aqueles que constituíam a oposição. Assim, o trabalhador rural tinha em seu patrão o benfeitor local, disposto a ajudá-lo de diversas maneiras, bem como seu capataz; disso resultavam os votos de cabresto, como uma troca de favores em uma relação desequilibrada que interferiu por décadas na política interna brasileira.

3.2.7 Independência do Uruguai e das Guianas

Em 1811, teve início no Uruguai uma revolução contra as autoridades espanholas, tendo como líder José Gervasio Artigas. Em meio à revolução ocorreu o conflito que ficou conhecido como *Batalha de las Piedras*, que ocorreu em 18 de maio do mesmo ano. Dois anos depois, em 1813, Artigas voltou a emergir no cenário político uruguaio, agora como campeão do federalismo, após a realização de uma Assembleia Constituinte na qual exigiu a autonomia política e econômica para cada área e para a Banda Oriental, o que não foi atendido, uma vez que a Assembleia se recusou a aceitar os delegados da Banda Oriental. Essa situação levou Montevidéu a ser sitiada, em 1815, e a romper relações com Buenos Aires.

Ainda em 1815, Buenos Aires retirou suas tropas da Banda Oriental, que nomeou seu primeiro governo autônomo. Nesse período, Artigas também organizou uma liga federal, composta por seis províncias. Porém, no ano seguinte, em 1816, tropas portuguesas, vindas do Brasil, invadiram a Banda Oriental e, em 1817, tomaram Montevidéu. Foram quase quatro anos de luta, que resultaram na anexação da Banda Oriental por parte do governo português, o qual nomeou a sua nova província de *Cisplatina*.

Foi somente em 25 de agosto de 1825 que o Uruguai tornou-se independente, após os Trinta e Três Orientais e Juan Antonio Lavalleja declararem a independência do país, com o apoio das Províncias Unidas do Rio da Prata. Essa situação conduziu à Guerra da Cisplatina[II], a qual durou 500 dias e levou a Argentina a perder parte significativa do seu território. Três anos mais trade, em 1828, o Reino Unido promoveu a celebração do Tratado de Montevidéu, o qual reconhecia o Uruguai como Estado independente.

Por fim, por mais que as Guianas ainda não tenham sido integradas totalmente à América Latina, tiveram papel importante na região e no seu relacionamento com os demais países. Ainda no século XV, a região da Guiana, dominada por tribos indígenas, como os caribe e os aruaque, logo começou a chamar a atenção dos europeus, que buscavam expandir seus territórios na América do Sul. Entre 1809 e 1817, o atual estado brasileiro do Amapá foi dominado pelos portugueses, que denominaram o território de *Guiana Portuguesa*, assim como os demais territórios dessa região da América do Sul, que levavam o nome de seus colonizadores, como a chamada *Guiana Espanhola*.

II. A Guerra da Cisplatina foi um conflito internacional entre o Brasil e as Províncias Unidas do Rio da Prata entre 1825 e 1828, pela posse da Província Cisplatina, região do atual Uruguai.

A dominação europeia nas Guianas permaneceu até o século XX, sendo que o Suriname e a Guiana, então territórios da Holanda e da Inglaterra, respectivamente, passaram a ser independentes, ao passo que a Guiana Francesa até hoje é departamento de ultramar da França.

Após seus processos de independência, as Guianas passaram a se dividir entre as políticas sul-americanas e caribenhas, incluindo os processos de integração regional dos séculos XX e XXI.

A Guiana e o Suriname se tornaram ex-colônias europeias que passaram por um processo de independência tardio – se comparado com o dos demais vizinhos. São países novos, do ponto de vista político, e os menos povoados da América do Sul, além de estarem entre os menores em dimensão territorial. As populações desses países apresentam como característica uma composição étnica diversificada, formada por indígenas, europeus, descendentes de escravos e indianos. Todas essas características tornam a história política dessas duas nações única na região.

O movimento em prol da independência da Guiana ganhou força no início da segunda metade do século XX, quando o Partido Popular Progressista (PPP), fundado em 1950, iniciou um movimento pela independência do território em relação à Grã-Bretanha e pela politização de reformas sociais. O então líder do partido, Cheddi Jagan, foi eleito para o cargo de primeiro-ministro em 1953, mesmo ano em que o país conseguiu certa autonomia em relação à sua metrópole.

Cheddi Jagan foi reeleito em 1957 e 1961. Durante a década de 1950, o país passou por vários levantes populares, principalmente dos comunistas e radicais da esquerda, que representavam uma ameaça ao governo britânico e à política de contenção dos Estados Unidos em face da União Soviética e do socialismo como regime político. Essa ameaça levou a Grã-Bretanha, em 1957, a suspender a Constituição da Guiana. Porém, em decorrência da pressão popular de 1961, o PPP conseguiu maioria na Assembleia; assim, uma nova Constituição foi promulgada e Jagan garantiu sua reeleição.

Ainda em 1955, ocorreu uma cisão interna no PPP, que originou a criação do partido político Congresso Nacional do Povo (PNC), que tinha em sua base étnica os afrodescendentes, enquanto os indianos continuavam vinculados ao PPP. Entre os anos de 1962 e 1964, ocorreram confrontos entre esses dois partidos. Em 1964, o PNC conseguiu eleger seu líder, Linden Forbes Burnham, ao cargo de primeiro-ministro, garantindo uma onda de protestos e conflitos nas principais cidades guianesas. A situação chegou a um nível elevado de violência, sendo necessária a intervenção britânica e, posteriormente, o reconhecimento da independência da Guiana em maio de 1966.

No Suriname, o movimento em prol da independência teve início, assim como na Guiana, no começo da década de 1950, quando um movimento nacionalista, o *National Party Kombination* (NPK), com base predominante *criolla*, tornou-se uma frente composta por quatro partidos de esquerda, os quais defendiam a independência do território desde 1945 e que nesse momento se opunham ao governo submisso à Holanda.

Contra o NPK havia o Vatan Hifkani, partido político liderado por Jaggernauth Lachomon, formado basicamente por comerciantes e empresários indianos que não demonstravam interesse pela independência do Suriname, ao menos não naquele momento e de forma tão brusca. O Suriname se tornou parte autônoma do Reino dos Países Baixos (Holanda) em 1954 e, em 1973, o Partido Nacional do Suriname (NPS), formado com base *criolla*, conseguiu eleger o seu líder Henck Arron para o cargo de primeiro-ministro. Com o apoio de Lachomon, o Suriname passou a defender sua independência, que veio a ser conquistada em 1977, quando Arron foi reeleito.

Após a independência, o Suriname foi estruturado em uma democracia parlamentarista, mas, em fevereiro de 1980, passou de país recém-independente para uma declarada república socialista, depois do golpe de Estado dado pelo General Desi Bouterse. A República Socialista do Suriname passou então a estabelecer relações com o governo cubano, o que resultou na oposição aos Estados Unidos e à Holanda, os quais suspederam seus acordos de cooperção com a ex-colônia em decorrência de denúncias de tortura e assassinatos de opositores ao governo de Bouterse. Na tentativa de se inserir na comunidade internacional, o governo do Suriname aderiu à Comunidade do Caribe (Caricom), estabelecendo relações com os demais países americanos.

Em 1987, a Assembleia Nacional do Suriname aprovou a Constituição que proporcionou um enquadramento para que o país pudesse retornar às instituições e à democracia, projeto que teve entre seus apoiadores os principais partidos políticos do país e do Exército Nacional. Em 1988, a Frente para a Democracia e Desenvolvimento venceu as eleições presidenciais. No ano seguinte, em 1989, o então presidente Ramsewak Sahnkar negociou a anistia para os guerrilheiros, possibilitando que a guerrilha se mantivesse na selva amazônica. Bouterse, membro do Partido Democrático Nacional (PDN), foi contra essa decisão, alegando que essa medida levaria à legalização de uma força militar autônoma, o que não se mostrou verdade, uma vez que não foram criados aparatos jurídicos para essa legalização, sendo que somente a anistia de guerrilheiros não daria o *status* de força militar autônoma para a guerrilha.

Após os processos de independência, a Guiana e o Suriname se mantiveram abertos à cooperação e inserção internacional. Exemplo disso é a participação desses países nos processos de integração regional na América Latina, por meio da União das Nações Sul-Americanas (Unasul) e da já citada Caricom, deixando para trás o *status* de colônia de exploração.

3.2.8 Guerra das Malvinas

Como um dos últimos conflitos da consolidação das nações latino-americanas, a Guerra das Malvinas trouxe debates que ainda estão abertos. O conflito em torno do direito sobre as Ilhas Malvinas[III] é histórico, tendo seu início ainda no período do Vice-Reino do Prata, quando a Grã-Bretanha e a Espanha disputaram o domínio do território. Após as Guerras Napoleônicas e a independência das nações platinas, a Grã-Bretanha, em 1833, tornou o arquipélago um domínio colonial britânico – fator contestado pela Argentina, que, desde sua independência, considera-se herdeira dos direitos espanhóis sobre o território.

III. As Ilhas Malvinas são compostas por três arquipélagos situados no Oceano Atlântico, perto da costa da Argentina.

No período recente, mais precisamente em 1965, o governo argentino conseguiu que a ONU aprovasse uma resolução qualificando a disputa como um problema colonial e convocando as partes para negociar uma solução. Porém, as negociações não resultaram em nenhum acordo que solucionasse a situação, apenas mantendo as partes envolvidas numa relação pacífica nos anos subsequentes.

Todavia, com a instauração do regime militar na Argentina, em 1976, o posicionamento em relação à "Questão Malvinas" mudou. Com o desgaste do regime político militar argentino, principalmente em decorrência da crise econômica pela qual o país passava, a realização do ataque às ilhas na tentativa de dominá-las foi vista como uma forma de estimular o nacionalismo argentino, de modo a instigar a simpatia da população pelo governo do General Leopoldo Galtieri (1981-1982). A estratégia nesse caso foi tirar o foco do governo argentino e sua política econômica e passá-lo para um inimigo externo: a Grã-Bretanha.

A decisão da reconquista das Malvinas foi tomada com base em falsos cálculos feitos pelo governo argentino, o qual acreditava que não haveria reações posteriores, julgando que a capacidade de guerra do Reino Unido não estaria à altura das circunstâncias, em virtude da distância geográfica. Além disso, a Argentina contava que não haveria interesse por parte do Reino Unido de se indispor com a OEA, a qual defendia o auxílio entre as nações americanas, incluindo os Estados Unidos, em qualquer ameaça estrangeira, como a britânica.

O projeto militar de recuperação ou resgate das Malvinas pelo governo argentino foi denominado *Operação Rosário* (1981-1982), criado pelo Almirante Anaya, membro da junta militar nacional.

Com o objetivo de invadir e ocupar as Ilhas Malvinas, então sob o domínio da Grã-Bretanha, a operação iniciou a tomada do arquipélago mediante um ataque marítimo direto.

A Argentina apostou que uma questão colonial sobre algumas ilhas remotas ao sul do Oceano Atlântico não seria relevante para o governo britânico e, em 2 de abril de 1982, as forças argentinas ocuparam a ilha. Essa foi uma operação fácil, uma vez que havia poucos oficiais britânicos no local, entre eles o Major Mike Norman e o Governador Rex Hunt, que se entregaram. O governador foi levado à cidade de Montevidéu e de lá foi para Londres. Entretanto, o governo britânico, que também passava por problemas econômicos e políticos, revidou militarmente o ataque em proteção ao seu direito ao território das Malvinas.

O governo de Margaret Thatcher também estava em crise e suas medidas econômicas neoliberais atingiam negativamente as camadas mais baixas da população, que se colocava contra o seu governo. A medida tomada pelo governo britânico foi a de exigir que a ONU aprovasse uma resolução impondo a retirada das tropas argentinas das Malvinas como condição prévia ao processo de negociação, além de romper as relações comerciais e diplomáticas com a Argentina.

O Reino Unido obteve apoio da Comunidade Econômica Europeia (atual União Europeia – UE) e da Organização do Tratado do Atlântico Norte (Otan). Os Estados Unidos, que mantinham boas relações com os dois envolvidos, inicialmente tentaram manter-se neutros, mas acabaram por apoiar os britânicos, em termos diplomáticos e bélicos, colocando armamentos à disposição do Reino Unido. Essa posição do governo estadunidense foi condenada por outros países, uma vez que descumpriu o Tratado Interamericano de Assistência Recíproca (Tiar), aplicável em caso de guerra, desfavorecendo um dos membros da OEA.

Além disso, o Chile também apoiou o Reino Unido, descumprindo o Tiar. Assim, a Argentina conseguiu somente o apoio de Cuba, que havia conferido ajuda militar, enquanto o Brasil apoiou o governo argentino em relação aos direitos deles sobre a ilha. Não houve declaração oficial de guerra por nenhuma das partes envolvidas, mas o governo britânico enviou forças militares (um destróier, dois navios e três submarinos nucleares) às ilhas da Geórgia do Sul e deixou as unidades da marinha em alerta em caso de emergência.

Após iniciados os conflitos, a situação da Argentina foi piorando cada vez mais. O poderio militar dos britânicos era superior tanto em relação ao arsenal bélico quanto no que se refere ao treinamento dos oficiais. Os conflitos duraram de 2 de abril a 14 de junho de 1982, levando a Argentina à rendição e à vitória dos britânicos. A Guerra das Malvinas ainda favoreceu a vitória de Margaret Thatcher nas eleições de 1983, enquanto o governo argentino precisou lidar com a derrota e as manifestações populares relacionadas à perda de apoio da nação ao regime militar. Assim, a Guerra das Malvinas não só resultou em uma derrota argentina, como também se tornou um dos símbolos da ineficiência dos regimes militares latinos sul-americanos, incentivando uma participação mais democrática a ser perseguida por movimentos sociais e pressões internacionais nos anos seguintes.

Estudo de caso

A Guerra das Malvinas é um caso propício para mostrar como as nações americanas, por mais que tenham passado por processos semelhantes de colonização e trajetória política, não necessariamente fizeram valer a velha frase da Doutrina Monroe: "A América para os americanos". Mesmo que a Organização dos Estados Americanos (OEA) tenha sido erguida para fomentar o apoio mútuo das nações em diversos setores, ela também não foi capaz de fazer valer o apoio em coalizão entre os Estados americanos em caso de uma ameaça estrangeira – que, na Guerra das Malvinas, foi a Grã-Bretanha.

Precisamos ter em mente que, durante a Guerra das Malvinas, muitos interpretaram que a Argentina tinha estabelecido o conflito com a Grã-Bretanha e que isso não obrigaria os demais Estados americanos a lhe darem apoio na guerra. Todavia, por se tratar de uma ameaça dentro do território do continente americano, algumas nações se mobilizaram em apoio, enquanto outras, como já visto, se mostraram neutras ou até mesmo a favor das forças britânicas. De modo geral, o que podemos destacar nesse caso é que as divergências de interesses entre as nações americanas no período refletiam fragilidades no que diz respeito às relações de identidade.

O continente americano não é homogêneo nem se identifica como uma nação. Isso se mostra importante, sobretudo, no caso da América Latina, quando se pensa em igualdade e consenso em política externa. Por mais que hoje muitas nações neutras se mostrem favoráveis à causa argentina diante das Malvinas, como o Brasil e demais membros do Mercosul (Mercado Comum do

Sul), a América Latina ainda está fragmentada em seus interesses nacionais, constituindo um cenário político plural e diversificado em análises comparadas.

Síntese

No presente capítulo, pudemos identificar dois movimentos comuns em grande parte da América Latina no século XIX: a busca por autonomia política e a consolidação dos Estados-nações. O primeiro não surgiu apenas com os processos de independência, mas, como visto nos casos dos vice-reinos espanhóis, desde o período colonial grupos locais buscavam maior autonomia para guiar a produção econômica local, bem como regular a vida cotidiana. Nesse processo, diversas fragmentações administrativas ocorreram ao longo do território colonial espanhol na América, possibilitando o fortalecimento de elites locais e o futuro das novas nações após os processos de independência.

Já na consolidação dos Estados-nações latino-americanos, partindo da ideia de que o território é a base da identidade nacional, diversos grupos políticos se mobilizaram para defender os recursos necessários à construção e manutenção de suas liberdades, que, por muitas vezes, chocaram-se em interesses territoriais regionais.

O grande movimento de independência na América Latina foi resultado tanto de variáveis externas à região, como as Guerras Napoleônicas na Europa, quanto dos interesses internos por maior autonomia das elites locais. Nesse contexto, o Haiti se tornou a primeira nação a lutar por sua independência no Caribe, revoltando-se contra o controle francês ao final do século XVIII e tornando-se independente no início do século XIX. Suas revoltas, bem como a influência da independência dos Estados Unidos no mesmo período, acabaram por refletir em boa parte da América Latina. Casos como os de Cuba e Porto Rico, que tiveram proteção norte-americana em seus processos de independência, trouxeram um posicionamento continental americano hostil aos interesses europeus em seus regimes coloniais. A Doutrina Monroe, no início do século XIX, por parte dos Estados Unidos, iniciou essa mobilização regional contra os interesses das antigas metrópoles europeias, mas também permitiu o avanço dos interesses estadunidenses sobre boa parte da América Latina.

Nos vice-reinos espanhóis, as fronteiras administrativas das colônias se tornaram as primeiras fronteiras nacionais que, pouco a pouco, foram se adaptando e se remodelando em face dos jogos políticos internos e internacionais. Do Vice-Reino da Nova Espanha e suas capitanias surgiram diversas novas nações, como México, Cuba e Guatemala. O Vice-Reino da Nova Granada deu origem à Colômbia e à Venezuela. Já do Vice Reino do Peru nasceram nações como a Bolívia e o Chile. No Vice-Reino do Prata, a Argentina e o Paraguai também despontaram, bem como, mais tardiamente, o Uruguai, em sua independência em relação ao Império do Brasil.

Como colônia portuguesa, o Brasil mostrou-se a mais estável das nações no século XIX no que diz respeito às disputas políticas internas. Centrado na figura do Imperador D. Pedro I, o Brasil manteve-se estável em suas relações com a Europa, o que trouxe um posicionamento isolacionista diante de seus vizinhos americanos, repensado apenas no Segundo Reinado, com a Guerra do Paraguai.

De forma comparada, os processos de independência surgiram de um interesse comum a todas as nações americanas: busca por autonomia e liberdade diante dos antigos pactos coloniais e das interferências europeias nos interesses das elites locais. Aproveitando-se de um momento de fragilidade política na Europa, diversos grupos regionais declararam sua independência. Todavia, os processos que levaram às autonomias e ao surgimento de nações em construção na América Latina foram diversos. Desde as rupturas revoltosas de Haiti, Cuba e República Dominicana, passando pela instabilidade de regimes políticos no México, até os longos diálogos por integração territorial entre as cidades, províncias e Buenos Aires, na Argentina, os processos de independência determinaram rumos distintos na construção dos Estados-nações e suas identidades.

As lutas territoriais, como a Guerra do Paraguai, a Guerra do Chaco, a Guerra do Pacífico e a guerra entre o México e os Estados Unidos, foram sinais de um cenário internacional regional fragmentado. Alguns líderes, como Simon Bolívar, buscaram um diálogo com o objetivo de criar uma unidade territorial e política maior nas Américas, mas poucos êxitos foram alcançados. A fragmentação e a concorrência comercial em suas inserções internacionais – a maioria das economias se sustentava por recursos agropecuários e minerais – dificultaram um diálogo de subsistência e apoio entre as nações. Essa dificuldade de apoio prático foi vista no caso da Guerra das Malvinas, já no final do século XX, quando o comprometimento das nações americanas em apoiar a defesa continental diante de violências estrangeiras não foi aplicado. Ao contrário, Estados Unidos e outras nações latino-americanas mostraram-se simpáticas à ação da Inglaterra contra a Argentina, mesmo esta última tendo iniciado o conflito em reclamação por um território americano. Assim, após os grandes confrontos territoriais da região, a consolidação inicial das nações latino-americanas se voltou para as dinâmicas internas e para a estabilidade política e de produção.

Questões para revisão

1) O Peru foi um dos territórios mais importantes do Império Espanhol na América do Sul, tendo iniciado seu processo de independência ainda no século XIX. Discorra sobre a independência do Peru.

2) Nos séculos XVII e XVIII, a América espanhola passou por um processo de fragmentação territorial, resultado da independência das colônias que constituíam a região. O Brasil, por sua vez, não passou por essa onda de fragmentação territorial. Comente sobre os fatores que impediram a fragmentação do território brasileiro.

3) Sobre os processos de independência na América Latina, é correto afirmar:

   a) A República em Armas foi um movimento que conquistou a população e as elites locais, bem como das nações vizinhas, incluindo os Estados Unidos, contra o domínio espanhol.

   b) A Emenda Constitucional Platt permitia, de fato, que Cuba e Porto Rico gozassem de soberania plena.

c) As disputas entre Espanha e Estados Unidos, recém-independente, ocorreram em decorrência da intenção estadunidense de controlar as colônias espanholas.
d) Todas as alternativas estão corretas.
e) Nenhuma das alternativas está correta.

4) A história mexicana é uma das mais complexas da América Latina. Em relação ao processo de independência do México, marque a alternativa correta:

a) Agustín de Iturbide se proclamou imperador do México, iniciando o Primeiro Império, que ainda estava subordinado ao reino espanhol.
b) O Congresso de Chilpancingo, ocorrido em 1813, é o documento em que foi assinada a Declaração de Independência da América Sententrional.
c) Em 1823 ocorreu uma revolta contra o Primeiro Império mexicano, que transformou o Império em uma república, novamente colônia espanhola, situação que só mudou quando foi assinado o Tratado de Guadalupe-Hidalgo.
d) Todas as alternativas estão corretas.
e) Nenhuma alternativa está correta.

5) Tanto a Guerra do Pacífico como a Guerra do Paraguai foram motivadas por qual intenção por parte das nações envolvidas?

a) Defender-se dos Estados Unidos.
b) Defender-se da França e da Espanha, que desejavam retomar as suas antigas colônias.

c) Alcançar saídas para o mar e controle territorial, a fim de obter vantagens, sobretudo comerciais.
d) Tomar o controle das Guianas.

Questões para reflexão

1) Cuba e Porto Rico se tornaram independentes por meio de acordos e tratados feitos com os Estados Unidos. Esses documentos permitiam que o vizinho norte-americano interviesse em questões internas de ambas as nações. Quais foram as consequências disso para Cuba e Porto Rico?

2) O Haiti é considerado o primeiro Estado latino-americano a declarar independência, o que aconteceu em 1794, após a revolta de escravos. Entretanto, a independência do Haiti não foi bem vista nas Américas por muitos grupos de elites políticas que se sustentavam por meio do trabalho escravo. Por quê?

3) A Argentina passou por vários conflitos internos no seu processo de independência, entre os quais está a Campanha do Deserto, ou Conquista do Deserto, no século XIX. Discorra sobre esse conflito.

Para saber mais

BETHELL, L. (Org.). **História da América Latina**. São Paulo; Brasília: Edusp; Fundação Alexandre de Gusmão, 1997. 8 v.

Essa coleção, originalmente publicada em espanhol e dividida em oito volumes, apresenta a história da América Latina desde a era pré-colombiana até o início do século XX e tem entre seus colaboradores estudiosos como John Hemming, Nathan Wachtel, Miguel León Portilla, José Murilo de Carvalho e Frédéric Mauro. É uma das mais completas obras já publicadas sobre o assunto, abrangendo cinco séculos de história política, econômica, social e cultural do continente americano.

Além de proporcionar ao leitor uma visão geral de temas como a colonização e a independência dos países latino-americanos, essa coleção também traz volumes separados por regiões da América Latina, como o que trata especificamente do Cone Sul. Por contar com um grande número de colaboradores de diversos países e de várias áreas do conhecimento, a coleção atende a diversos públicos, além de discutir de forma mais profunda questões importantes da história latino-americana.

Ana Paula Lopes Ferreira e Leonardo Mercher

Capítulo 4

*MOVIMENTOS
INTERNOS e
CAMINHOS
FUTUROS*

Conteúdos do capítulo

- Questões políticas que marcaram a América Latina na segunda metade do século XX e no início do século XXI.
- Revoluções ocorridas no continente latino-americano.
- Governos populistas na América Latina.
- Regimes militares na América Latina.
- O processo de redemocratização das nações latino-americanas.
- Estudos para modelos alternativos de desenvolvimento econômico propostos pela Comissão Econômica para a América Latina e o Caribe (Cepal).
- Processos de integração regional que marcam um possível novo capítulo na cooperação entre as nações latino-americanas.

Após o estudo deste capítulo, você será capaz de:

- entender os principais movimentos políticos da América Latina nos séculos XX e XXI, como o populismo;
- compreender os fatores que levaram à instauração dos regimes militares em vários países do continente americano e o papel do governo dos Estados Unidos nesse processo de mudança de regime político;
- avaliar a atual configuração política do continente americano;
- entender o processo de redemocratização dos diversos países da América Latina;
- analisar as inclinações das atuais políticas externas dos países sul-americanos no que diz respeito aos processos de integração regional.

No presente capítulo, como última parte expositiva deste trabalho, buscaremos apresentar os principais movimentos políticos internos das nações latino-americanas no século XX, bem como as dinâmicas internacionais que possibilitaram novos caminhos para a região. Partindo das revoluções políticas na Mesoamérica e no Caribe, até os governos populistas e militares da América do Sul, tentaremos traçar um caminho comparativo entre os processos que se desdobraram até o atual cenário político do continente. Em uma análise política comparada, dos processos de interferência de nações estrangeiras até as propostas de integração regional – os caminhos futuros, que são mais do que nunca presentes na América Latina –, vemos que, em pontes de cooperação e aproximação por meio dos atuais blocos de integração regional, como a Comunidade do Caribe (Caricom), a Comunidade Andina de Nações (CAN), o Mercado Comum do Sul (Mercosul) e a União das Nações Sul-Americanas (Unasul), se estabelece uma tentativa de superar memórias de conflitos políticos e rivalidades comerciais.

Os regimes democráticos, como resultantes de diversos movimentos e mudanças políticas internas, deram ao continente maior maturidade para que pudesse fazer suas escolhas como um conjunto de nações conscientes de seus desafios, suas competências e possibilidades. Esses países passaram por mudanças políticas importantes – desde a Guerra do Paraguai, o pior dos conflitos ocorrido nas Américas, até os regimes militares e os processos de redemocratização pela ascensão do neoliberalismo e dos governos tidos de esquerda na virada do século XX para o século XXI – e hoje constituem o cenário atual da política na América Latina.

As revoluções e as transformações políticas, portanto, mostraram-se como momentos importantes para que as nações latino-americanas chegassem aos caminhos presentes perseguidos por muitos dos Estados da região.

(4.1)
REVOLUÇÃO MEXICANA

A Revolução Mexicana (1910-1920), a primeira revolução social da América Latina no século XX, foi um conflito marcado pela participação de setores populares urbanos e rurais que reivindicavam a reforma agrária, a devolução de terras indígenas aos índios e as garantias trabalhistas no início do século passado. Esse processo fez com que as massas populares ascendessem ao meio político, de forma direta e indireta. A data inicial do conflito ficou marcada como 20 de novembro de 1910, porém é preciso compreender que a situação teve antecedentes ainda no final do século XIX, quando o General Porfirio Díaz estabeleceu um regime ditatorial no México que durou 34 anos (1876-1910).

Durante o período em que durou esse regime, ocorreram algumas crises em diversas esferas da vida social mexicana, sobretudo em virtude do descontentamento com o regime político centralizador por parte das classes sociais mais baixas, decorrente da brutal desigualdade na distribuição de renda. Nos últimos anos de seu governo, Díaz contava com pouca credibilidade. O número de opositores ao seu governo era crescente, principalmente em decorrência da situação econômica e social pela qual o país passava.

Isso ocorria ao mesmo tempo que o México enfrentava um processo de modernização econômica, de exploração de recursos naturais, como o petróleo, e de desenvolvimento de áreas como infraestrutura, construção de ferrovias, hidroelétricas e a criação de bancos e fábricas. Também nessa época foram construídas ferrovias que iam da Cidade do México ao norte do país, ligando o México aos Estados Unidos, enquanto outro eixo de ferrovias ia em direção aos portos, facilitando o comércio exterior.

Essas ferrovias foram construídas com dois objetivos: primeiro, facilitar o transporte de mercadorias do país para o exterior; segundo, facilitar o acesso a vários pontos do país, garantindo integração e unidade nacional. Entretanto, apesar de promoverem o progresso e a modernização do Estado, isso só beneficiava uma parcela muito pequena da população. Somente grupos ligados ao governo e à elite política eram favorecidos por esse empreendimento, como grandes latifundiários. É necessário observar, ainda, que esse desenvolvimento chegou ao México graças também aos investimentos estrangeiros diretos, uma vez que a maioria das ferrovais e das companhias de comércio e mineração pertencia a empresas estadunidenses – que lançaram seus empreendimentos sobre terras indígenas, desapropriadas no século XIX, quando o Exército Federal retirou os indígenas yaqui de suas terras, para que estas fossem apropriadas por latifundiários mexicanos e estadunidenses.

Além de perderem suas terras, os yaqui, assim como os maias de Iucatã e outros, que resistiram às políticas nacionais de desenvolvimento e investimento estrangeiro, foram mortos ou então presos e deportados como escravos para fazendas em outras localidades do país (Turner, 1984). Em meio ao desenvolvimento e progresso limitado aos interesses das elites locais e de investidores estrangeiros, ocorreram ondas de descontentamento que levaram Díaz, ao final de seu mandato, a anunciar que se retiraria da arena política sem tentar se reeleger. Nesse momento, a oposição ao governo se tornou relevante no México – era a primeira vez em mais de três décadas que a possibilidade de ascensão de um novo governo da não situação se mostrava real. As esperanças por melhorias das condições sociais incentivaram a participação política dos povos mexicanos nessas eleições.

Assim, surgiu a figura de Francisco Madero, latifundiário mexicano que, na tentativa de formar um novo partido político, percorreu o país atrás de quem estivesse disposto a entrar nessa nova empreitada. O principal objetivo de Madero era conseguir lançar e eleger candidatos à assembleia nacional, porém o decorrer desse processo não saiu como esperado. Díaz voltou a concorrer às eleições e a se eleger à presidência da República, enquanto Madero foi preso, acusado de levante contra o Estado. Díaz ficou no governo até 1910, quando renunciou à presidência e se exilou na França, em decorrência da revolução idealizada por Madero, que havia escapado da prisão e fugido para os Estados Unidos.

Após a volta de Madero ao México, ele iniciou o Plano de San Luis com o intuito de tomar as armas contra o governo, estourando a revolta no norte do país. Rapidamente essa revolta se espalhou para outras localidades, chegando à Cidade de Juarez, que foi tomada pelos revolucionários. No ano seguinte, em 1911, ocorreram novas eleições presidenciais, nas quais Madero foi eleito presidente do México. Porém, foi nesse momento também que iniciaram as divergências entre Madero e demais líderes revolucionários, como Emiliano Zapata e Pascual Orozco, que se voltaram contra o governo de Madero, principalmente porque tinham visões diferentes sobre a questão da reforma agrária, uma das principais reivindicações do povo mexicano, a qual não era atendida.

Por conta do rompimento com Madero, Zapata passou a ser visto como criminoso e foi perseguido pela polícia. Em 1911, Zapata e Otilio Montaño lançaram o Plano de Ayala, no qual exigiam a reforma agrária e a restituição de terras aos indígenas imediatamente. Esse plano não era voltado às questões como paz, progresso ou democracia, mas tinha como meta "reconquistar as liberdades de um povo republicano e dar lugar à prosperidade e o bem-estar" (Womack Junior, 1987, p. 387).

Com o lançamento do Plano de Ayala, começou o movimento contra Madero. Em 1913, um movimento contrarrevolucionário, encabeçado por Félix Díaz, Bernardo Reyes e Victoriano Huerta, deu um golpe de Estado, conhecido como *Decena Trágica*, que terminou com o assassinato de Madero e do vice-presidente Pino Suaréz. Huerta assumiu a presidência, o que ocasionou a reação de chefes revolucionários, como Venustiano Carranza e Francisco Villa. Como Huerta não havia conseguido acabar com a revolta dos camponeses, a elite mexicana escolheu outro general – Carranza –, o qual levou Huerta, em 1914, a fugir do país.

Depois disso, aumentaram as diferenças entre as facções que haviam lutado contra Huerta e tiveram início novos conflitos. Carranza convocou todas as forças revolucionárias, como havia preestabelecido no Plano de Guadalupe[I], para nomear um líder

---

I. *O manifesto, criado em 1913, acusava Huerta de restaurar a ditadura e cometer traição ao executar o líder constitucionalista do México durante a* Decena Trágica. *Entre os que participaram da criação desse manifesto estavam Pancho Villa, Álvaro Obregón, Emiliano Zapata e Felipe Ángele.*

único. Eulalio Gutiérrez foi nomeado presidente do país, mas Carranza rejeitou o acordo. Naquele momento, a revolução estava dividida. De um lado, estava Carranza, juntamente com os constitucionalistas, exigindo reformas moderadas; de outro, Zapata e Villa, com os camponeses que exigiam mudanças mais drásticas no país.

Em 1917, Carranza chegou à presidência e foi então criada a Constituição mexicana, estabelecendo o sufrágio universal e o confisco de alguns latifúndios, incluindo os da Igreja, para a reforma agrária. Previu-se também a adoção de medidas nacionalistas de proteção ao subsolo e a recursos minerais e de fiscalização de empresas estrangeiras. O Estado passou a reconhecer os direitos de comunidades rurais indígenas e a proteger o trabalhador, assegurando jornada de trabalho de oito horas por dia, proibindo o trabalho infantil e reconhecendo os direitos sindicais em sua importância social. Mas, mesmo com essas alterações, milhões de camponeses ainda continuavam sem terra. Mesmo estabelecendo importantes direitos democráticos para o povo mexicano, a Revolução Mexicana não alcançou todos os seus objetivos. A burguesia liquidou com o Estado oligárquico, continuou com as reformas modernizadoras que impactavam negativamente as populações locais e, principalmente, controlou novamente a massa camponesa em seus mercados.

Carranza teve êxito em formar batalhões de operários contra Zapata – os operários que não aceitavam fazer parte dos batalhões sempre sofriam represálias. Em 1919, Zapata foi atraído para uma emboscada e baleado por mais de cem soldados. No ano seguinte, Carranza foi assassinado e, em 1923, Villa foi derrotado e fuzilado em casa. De modo geral, a Revolução Mexicana conseguiu o seu principal objetivo: iniciar a reforma agrária – além de trazer alguns benefícios às classes sociais mais baixas da nação. A Revolução Mexicana resultou na criação e promulgação da Constituição de 1917, que se mostrou um avanço para as demais nações latino-americanas no que diz respeito aos direitos individuais relativos ao campo e ao trabalho, bem como à possibilidade do sufrágio universal.

(4.2)
Revolução Cubana

A Revolução Cubana teve como principal precedente o golpe de Estado de 10 de março de 1952, quando Fulgencio Batista, líder do golpe, derrubou o então presidente eleito pelo Partido Revolucionário Cubano Autêntico, Carlos Prío, isso em meio às tensões internacionais decorrentes da Guerra Fria. Com esse golpe, foi estabelecida uma ditadura militar e foram suspensas as garantias constitucionais. Estabeleceu-se um estado de sítio e, em 1954, foram realizadas eleições presidenciais, acusadas de serem fraudadas.

Em meio a essa situação, rebeldes começaram a se articular e, em 1953, foi realizado o assalto ao Quartel Moncada, na cidade de Santiago, e ao Quartel de Bayamo. Os rebeldes foram assassinados, sobrevivendo apenas alguns, como Fidel Castro e Raúl Castro, que foram capturados, julgados por crimes políticos e condenados a 15 e 13 anos de prisão, respectivamente. Os irmãos Castro, como ficaram conhecidos, bem como outros presos políticos, foram libertados dois anos depois, quando o regime de Batista sofreu pressão política para libertar todos os presos políticos em Cuba.

Já em exílio no México, Fidel e Raúl Castro, juntamente com outros presos, deram início aos preparativos para a revolução e a derrubada de Batista. Em dezembro de 1956, os exilados políticos chegaram a Cuba e se direcionaram para Sierra Maestra, no sudeste cubano. Três dias após o início da viagem, o grupo foi atacado pelo Exército de Batista, acarretando várias mortes. Mais uma vez, entre os sobreviventes estavam Fidel Castro, Raúl Castro, Che Guevara e Camilo Cienfuegos. Por haver outros grupos de revolucionários em Cuba, os jovens sobreviventes buscaram se reorganizar. Um desses grupos, o Diretório Revolucionário, invadiu, em março de 1957, o Palácio Presidencial com o intuito de assassinar Batista, porém o plano não saiu como o planejado e o grupo rebelde acabou sendo morto.

No âmbito internacional, os Estados Unidos impunham um embargo ao governo cubano, ao mesmo tempo que o seu embaixador deixava a ilha – fatos que levaram ao enfraquecimento do governo Batista. Enquanto isso, os rebeldes nas montanhas de Sierra Mestra realizavam ataques bem-sucedidos às pequenas guarnições de Batista, com uma força revolucionária composta por uma média de 200 homens, enquanto o Exército e a força policial cubana tinham um número quase vinte vezes superior a esse, o que não necessariamente significou um melhor desempenho nos conflitos. Desde o embargo estadunidense, as forças repressivas cubanas passaram a se deteriorar, uma vez que Cuba importava armamentos do país vizinho.

Entre 1956 e 1958, as forças de Batista e os rebeldes se enfrentaram em ataques realizados pelo Exército nas montanhas, e as forças rebeldes conseguiram melhores resultados, com baixo número de mortos. Enquanto isso, três colunas dos rebeldes continuavam a se deslocar pelo território cubano sob o comando de

Che Guevara, Camilo Cienfuegos e Jaime Vega. A primeira coluna foi pega numa emboscada e liquidada. Já as duas colunas restantes conseguiram atingir as províncias centrais do Estado cubano, onde se juntaram a outros grupos de rebeldes. Em dezembro de 1958, ocorreu a Batalha de Santa Clara, conflito que se mostrou importante, visto que os rebeldes tomaram a cidade de Santa Clara e forçaram a fuga de Batista para a República Dominicana, em 1º de janeiro de 1959.

Ao saber da fuga de Batista, Fidel Castro iniciou as negociações para assumir Santiago de Cuba e tomou a cidade, juntamente com outros revolucionários, em 2 de janeiro, data que também marcou a entrada de Che Guevara e Cienfuegos em Havana. No dia 3 de janeiro, Manuel Urrutia Lleó, escolhido como novo presidente, tomou posse e, em 8 de janeiro, Fidel Castro chegou a Havana.

Uma das primeiras medidas adotadas pelo novo governo foi determinar que as refinarias de petróleo, controladas, em sua maioria, por empresas estadunidenses, passariam a comprar e processar apenas petróleo vindo da União das Repúblicas Socialistas Soviéticas (URSS), mas, como houve recusa por parte dos dirigentes dessas refinarias, o governo cubano expropriou as refinarias e as nacionalizou. Em reação a isso, o governo dos Estados Unidos cancelou as importações de açúcar cubano, o que também levou à nacionalização de todas as empresas na ilha e à tomada de terras cujos donos eram estadunidenses.

Em outubro de 1960, iniciou-se o embargo econômico a Cuba, a partir do qual os Estados Unidos deixaram de ter relações comerciais com a ilha – com exceção da comercialização de alguns medicamentos e alimentos. O governo cubano, então, passou a estatizar os negócios privados e a controlar as empresas estadunidenses. Nesse cenário, as relações entre os dois países se tornaram cada vez piores. O governo dos Estados Unidos passou a criticar duramente o sistema político cubano, que consistia num sistema de partido único, com o governo controlando a economia e a imprensa, enquanto Cuba criticava a postura fraca do governo estadunidense diante dos interesses de mercado de seus empresários e da desigualdade social que seu modelo liberal democrata sustentava na região. Essa relação conflituosa levou os países a protagonizar dois momentos importantes na história das Américas: a invasão da Baía dos Porcos e a Crise dos Mísseis.

A invasão da Baía dos Porcos ocorreu em abril de 1961 e foi uma tentativa de invasão do sul de Cuba por forças de exilados cubanos anticastristas com apoio das Forças Armadas estadunidenses, na tentativa de derrubar o líder cubano Fidel Castro. Porém, a operação não obteve sucesso e as Forças Armadas cubanas derrotaram os invasores. Já a Crise dos Mísseis ocorreu em 1962, tendo seus antecedentes ainda no ano anterior. O episódio começou com a instalação de mísseis nucleares em Cuba pelos soviéticos – uma atitude que veio como resposta à instalação de míssies nucleares na Turquia por parte dos Estados Unidos. Em outubro de 1961, o governo estadunidense divulgou fotos de um voo realizado sobre a ilha cubana nas quais apareciam silos para abrigar mísseis nucleares. A reação dos Estados Unidos foi imediata – eles encararam a instalação dos mísseis em Cuba como um ato contra a segurança da nação estadunidense.

O governo soviético, por sua vez, se manifestou afirmando que os mísseis nucleares foram instalados em resposta à invasão da Baía dos Porcos. Assim, o armamento de Cuba seria um ato defensivo em resposta à hegemonia dos Estados Unidos na região, uma iniciativa para dissuadir outras tentativas de invasão à ilha. Após 13 dias de negociações que angustiaram muitas nações vizinhas, por receio de uma hecatombe nuclear, os governos dos Estados Unidos e da União Soviética entraram em um acordo pela retirada dos mísseis da Turquia, bem como dos de Cuba. Após esse episódio, durante toda a Guerra Fria, os Estados Unidos não mais ameaçaram Cuba para além de sanções comerciais. No entanto, desde 1962, Cuba foi mantida afastada da Organização dos Estados Americanos (OEA) por ser considerada subversiva em seu regime ao continente, perdendo o apoio de diversas nações americanas. Em 2009, a suspensão foi revogada na 39.ª Assembleia Geral da OEA.

(4.3) Revolução Sandinista na Nicarágua

A Revolução Sandinista teve início ainda na década de 1920, quando o guerrilheiro Augusto César Sandino liderou uma rebelião contra a ocupação da Nicarágua por fuzileiros navais estadunidenses. Os dois pontos pelos quais Sandino lutava eram: a defesa da soberania nacional e a distribuição de terras e riquezas entre a população da Nicarágua. Em 1930, os Estados Unidos haviam treinado e formado um corpo de segurança nicaraguense – Guarda Nacional.

Em 1933, os militares estadunidenses deixaram o país, mas a Guarda Nacional, sob o pretexto de manter a ordem, perseguia rebeldes e aliados de Sandino. Essa atuação resultou no assassinato de

Sandino em 1934. Após a morte do líder, os rebeldes continuaram a lutar de forma mais intensa e engajada, mesmo sofrendo ataques constantes da Guarda Nacional.

Em 1936, Anastasio Somoza García realizou um golpe de Estado e assumiu a chefia do governo com o apoio dos Estados Unidos. Assim, iniciou-se a ditadura na Nicarágua, que durou 46 anos. Em 1956, Somoza foi executado pelo poeta nicaraguense Rigoberto López Pérez. Porém, isso não colocou fim à ditadura, pois seu filho, Luis Somoza, sucedeu o pai no governo militar. A morte de Anastasio Somoza se tornou, então, o marco de retomada das ações contra a ditadura, que havia sido interrompida com a morte de Sandino, em 1934. Em junho de 1959, ocorreu o El Chaparral, no território de Honduras, que faz fronteira com a Nicarágua, onde a coluna guerrilheira intitulada *Rigoberto López Pérez*, sob o comando de Rafael Somarriba, foi detectada e destruída pelas forças do Exército de Honduras, em coordenação com os serviços de inteligência da Guarda Nacional da Nicarágua. Depois desse episódio, ocorreram várias ações armadas na região.

Após a retomada dos combates, o movimento sandinista cresceu e ocorreram várias investidas armadas. Ao mesmo tempo que cresciam os sindicatos, surgia a Juventude Patriótica Nicaraguense (JPN), formada por organizações estudantis. O descontentamento com o regime de Somoza era crescente no país. Nos anos 1960, surgiu a Frente de Libertação Nacional da Nicarágua (FNN), influenciada pela Revolução Cubana. Mais tarde, esse movimento passaria a ser chamado de *Frente Sandinista de Libertação Nacional* (FSLN). Esse grupo defendia a luta armada contra a exploração do povo nicaraguense e o imperialismo dos Estados Unidos na região. Eles ainda contavam com o apoio das massas populares e de setores da Igreja Progressista, com a participação destes até mesmo na luta armada.

A FSLN se firmou como uma instituição de cunho político e ideológico fundamental nas dinâmicas políticas daquela nação, voltando-se para a criação de estruturas clandestinas político-militares e obtendo um contato direto com setores populares. Foram criados, assim, Comitês Cívicos Populares e a Frente Estudantil Revolucionária, bem como meios de divulgação dos principais pontos defendidos pela FSLN. Esta, em 1975, passou por uma subdivisão em três tendências: a Proletária, voltada para a classe operária e considerada a força social hegemônica na luta revolucionária; a Guerra Popular Prolongada, que trazia a teoria política e militar maoísta adaptada às propostas de Sandino; e a Tendência Insurrecional (comandada pelos irmãos Ortega Saavedra), que era majoritária e buscava um diálogo constante com o povo, recrutando-o para a alternativa da luta armada contra a ditadura.

Após quase três anos de atuação, em 1978, essas três frentes se unificaram. Em meio a essa situação, o regime de Somoza enfraquecia cada vez mais. O ápice desse desgaste aconteceu em 1978, quando o jornalista Pedro Chamorro, que estava à frente do maior jornal da oposição ao regime – *La Prensa* –, foi assassinado. O episódio repercutiu nacional e internacionalmente, levando os Estados Unidos a retirar seu apoio ao regime.

Em 1979, chegou ao fim o regime de Somoza. O governo se desgastou diante da opinião pública, e os rebeldes fomentaram a instalação de uma junta provisória, contando com a participação dos sandinistas e de Violeta Chamorro, viúva de Pedro

Chamorro. Em 1984, foram realizadas as primeiras eleições livres depois do fim do regime, levando Daniel Ortega, líder da FSLN e ex-guerrilheiro, à presidência. Seu primeiro mandato foi de 1985 até 1990 e, em 2006, Ortega voltou ao cargo, sendo reeleito em 2011, já que no país não há um limite de mandatos definidos pela Constituição.

(4.4)
Governos militares e a guerra civil de El Salvador

Os governos militares em El Salvador marcaram a história política do país no século XX. Suas origens remontam à década de 1930, quando, após o término do mandato do Presidente Pío Romero Bosque (1927-1931), nenhum dos candidatos que concorreram às eleições conseguiu a maioria dos votos para assumir a presidência. Então, o Congresso Nacional escolheu Arturo Araujo, líder do Partido Trabalhista, que conseguiu nas votações menos de 50% do total de votos válidos. As eleições de 1930 vieram acompanhadas de um momento econômico problemático: o país havia sido afetado pela crise de 1929. Além disso, ocorriam conflitos populares, principalmente nas áreas rurais, em decorrência dos baixos preços de *commodities* agrícolas, o que resultou num desespero econômico dos pequenos proprietários rurais.

Os levantes populares foram então reprimidos pelo ministro da Guerra, o General Maximiliano Hernández Martínez. Desse modo, o governo, que tinha como característica o apoio das massas, começava a perder prestígio com as camadas mais baixas da sociedade. Nas áreas urbanas, os funcionários públicos, que vinham enfrentando dificuldades, pois estavam sem receber seus salários, inclusive os próprios militares, também diminuíram seu apoio ao governo autoritário. Com a falta de pagamentos, muitos funcionários públicos renunciaram a seus cargos, levando à contratação de profissionais inexperientes e resultando em ineficiência e estagnação do serviço nacional. O governo Araujo durou menos de um ano – em dezembro de 1931, Maximiliano Hernández Martínez, com a ajuda das oligarquias cafeeiras, chefiou um golpe de Estado que tirou Araujo do poder.

O governo de Martínez durou até 1944, sendo marcado pelas execuções em massa, pela implantação de um novo sistema monetário, pelo controle estatal da comercialização do café e pela finalização da Rodovia Pan-Americana. Em abril de 1944, ocorreu uma revolta popular, mas esta fracassou e seus participantes foram levados ao fuzilamento. A violenta repressão do governo contra os manifestantes provocou indignação em todas as camadas da sociedade, e estudantes universitários e grupos diversos de trabalhadores entraram em greve.

Essa greve estudantil deflagrou um movimento popular de greve geral, conhecida como *Greve dos Braços Caídos*, que levou Martínez a renunciar à presidência e deixar o país. O ato coletivo abalou o regime e as estruturas políticas nacionais, que realizaram novas eleições em 1944, nas quais o General Salvador Castañeda de Castro foi eleito presidente, tomando posse em 1.º de março de 1945.

Mesmo sendo um regime eleito democraticamente e apesar da criação de leis trabalhistas e de instituições sociais, o governo de Castañeda Castro foi uma continuação do governo anterior, revelando uma considerável defesa aos interesses cafeeiros. Em dezembro de 1948, Castañeda Castro foi deposto por uma junta militar, e o Conselho do Governo Revolucionário, composto por dois civis e três militares, assumiu o governo, obtendo apoio popular ao defender propostas de programas de reformas e justiça social. Com isso, o Conselho do Governo Revolucionário também criou um partido político oficial, o Partido Revolucionário de Unificação Democrática (Prud), o qual, em 1949, elegeu o Major Óscar Osorio como presidente de El Salvador.

Óscar Osorio governou entre 1950 e 1956, tendo como principal objetivo o investimento em infraestrutura. Seu sucessor, José Lemos, continuou com o mesmo modelo político, até que, em outubro de 1960, um novo golpe de Estado, no qual estavam envolvidos setores da burguesia e da esquerda, tirou Lemos do poder. Uma nova junta de governo, composta por três civis e três militares, assumiu o controle com a principal proposta de trazer de volta as eleições democráticas livres. Mas esse governo durou pouco, pois, no ano seguinte, em 1961, ocorreu um novo golpe de Estado que colocou o Diretório Militar, declaradamente anticomunista, no poder.

O Diretório tornou ilegais os partidos de orientação ideológica de esquerda e, em 1962, criou uma Constituinte em que a totalidade dos deputados pertencia ao novo Partido de Conciliação Nacional (PCN). O Coronel Julio Adalberto Rivera, filiado ao PCN, assumiu como presidente e permaneceu no cargo até 1967, quando o Coronel Fidel Sánchez Hernández assumiu o posto.

Em 1972, ocorreram novas eleições, com a candidatura de Arturo Armando Molina, pelo PCN, e de José Napoleón Duarte, pelo partido União Nacional Opositora (UNO). As eleições de 1972 foram conturbadas, sendo o PCN acusado de fraudá-las, o que justificou a eleição do Coronel Molina, que governou até 1977, quando o PCN conseguiu novamente eleger outro candidato, o General Carlos Humberto Romero Mena.

O governo de Mena foi um dos mais ultradireitistas e repressivos da história do país, produzindo uma crise no interior do governo e do Exército. Assim como nos demais países da América Latina, a miséria e a falta de direitos sociais, principalmente nas zonas rurais, levaram ao surgimento de movimentos guerrilheiros de esquerda, os quais, em 1980, originaram a Frente Farabundo Martí pela Libertação Nacional (FMLN).

As medidas do governo contra os opositores, sobretudo a FMLN, eram extremamente repressivas, marcadas por violação dos direitos humanos, tortura e terror realizados pelo Exército Nacional, o que levou parte da população a se refugiar em outros países durante as décadas de 1970 e 1980. Em outubro de 1979, uma nova junta civil-militar, composta por dois militares e três civis, conseguiu tirar Mena do poder, assumindo a nação. Todavia, a junta não obteve sucesso em unificar o país ou derrotar as guerrilhas que, naquele momento, já controlavam boa parte de El Salvador.

Em 1980, com apoio dos democrata-cristãos, de alguns setores das Forças Armadas e dos Estados Unidos, José Napoleón Duarte foi eleito. O objetivo do novo presidente era conseguir estabelecer a paz com a guerrilha, sendo que, para isso, em 1987, foi assinado um acordo conjunto com os demais Estados da região – Costa Rica, Guatemala, Honduras e Nicarágua.

Em 1988, Rodolfo Castillo assumiu a presidência do país em decorrência do afastamento de Duarte, que se encontrava enfermo. Em 1989, ocorreram novas eleições, e a Aliança Republicana Nacionalista (Arena), partido de extrema direita, obteve a maioria na Assembleia Nacional. Seu líder, Alfredo Burkard, assumiu a presidência do país e, em 1990, o governo e a FMLN iniciaram negociações de paz, com mediação da Organização das Nações Unidas (ONU), que duraram até 1992, quando, finalmente, foi assinado um acordo de paz, pondo fim a mais de dez anos de guerra civil e décadas de instabilidades políticas nacionais em El Salvador.

(4.5)
As questões do Haiti

Da segunda metade do século XIX ao fim do século XX, a história política do Haiti foi marcada pela passagem de inúmeros governantes no poder, sendo que a maioria destes foi deposta ou assassinada. Em 1957, começou a administração de François Duvalier, mais conhecido como *Papa Doc*, que chegou ao poder com apoio do governo dos Estados Unidos por conta de sua política de contenção à expansão do socialismo da União Soviética na região, como na ameaça vizinha cubana.

A administração de Duvalier instaurou uma ditadura no país que foi caracterizada, principalmente, pela violência militar e pela perseguição a opositores. Em 1964, foi promulgada uma nova Constituição no Haiti, assegurando um mandato vitalício a Duvalier e garantindo que seu filho ocupasse seu cargo após a sua morte. Em 1971, Jean-Claude Duvalier, conhecido como *Baby Doc*, assumiu o governo no lugar de seu pai, que havia falecido, mantendo o regime ditatorial e a violência militar. Baby Doc permaneceu no governo do Haiti até 1986, quando foi deposto por um golpe de Estado.

Entre 1986 e 1990, o Haiti passou por uma série de governos provisórios, até que, em 1987, foi promulgada uma nova Constituição, na qual havia a previsão de realização de eleições democráticas. Em 1990, Jean-Bertrand Aristide foi eleito presidente, mas acabou governando por menos de um ano, em decorrência de um novo golpe militar e da instauração de um novo regime militar, que durou mais quatro anos. Em 1994, Aristide conseguiu retornar ao poder com auxílio do governo estadunidense, que havia imposto sanções econômicas ao país, bem como com o apoio da OEA e da ONU.

Entre 1994 e 2010, o Haiti passou por um período democrático, mas também por várias crises nas áreas econômica, social e política. Em abril de 2004, o Conselho de Segurança da ONU criou a Missão das Nações Unidas para a Estabilização do Haiti (Minustah) com o objetivo de restaurar a ordem no país na crise de saída do poder do Presidente René Garcia Préval, que foi substituído por Michel Martelly, em 2011, eleito em segundo turno por voto direto. Nessa resolução também estava previsto que o Brasil lideraria a missão.

Em 2010, a situação do país se agravou com a ocorrência do terremoto que devastou o país, sendo necessária a intervenção de outros países e da ONU em ajudas humanitárias e de reconstrução. Após o início da Minustah, havia cerca de 1.200 militares brasileiros no Haiti. Quando ocorreu o terremoto, esse número aumentou para aproximadamente 15.000 (Alessi, 2015). Essa intervenção foi um meio encontrado para tentar restaurar a segurança no país, que também mantém altos índices de pobreza urbana e rural, bem como degradação ambiental e de suas estruturas sociais, causados por anos de conflito político e desastres naturais. Atualmente, um grande número de haitianos migra para os Estados Unidos, o Brasil e outras nações vizinhas em busca de melhor qualidade de vida. O Haiti é atualmente o país com menor índice de desenvolvimento humano na América.

(4.6)
O populismo na América Latina: Cárdenas, Perón e Vargas

Populismo é um termo utilizado para fazer referência a um modelo político fundamentado em práticas em que é estabelecida uma relação direta entre as massas e a figura do líder. O termo é usado, no contexto latino-americano, para expressar o fenômeno da emergência das classes populares à vida política. Na América Latina, os governos populistas surgiram a partir da década de 1930, após a crise econômica de 1929, que afetou as economias dos países da região, essencialmente agroexportadoras. Surgiu, assim, a necessidade de diversificar a economia desses países, levando seus governos a adotar políticas para apoiar a industrialização de subsistência, uma vez que a crise também tinha afetado a capacidade de importação de produtos industrializados. Os políticos que lideraram esse processo com a busca de apoio dos novos operários, em número crescente nos centros urbanos, tornaram-se os grandes líderes populistas da região.

Três países apresentaram experiências populistas distintas na América Latina: o México, entre 1934 e 1940, com o governo de

Lázaro Cárdenas; a Argentina, entre 1946 e 1955, durante o governo de Juan Domingo Perón; e o Brasil, durante os dois governos de Getúlio Vargas, de 1930 a 1945 e de 1951 a 1954.

Entre os anos de 1934 e 1938, o governo do Presidente Cárdenas, no México, implementou políticas de massas e um programa de reformas sociais, garantindo sobretudo melhoras para os trabalhadores. As políticas sociais do governo Cárdenas eram voltadas para as minorias, como as comunidades indígenas e os camponeses, enquanto na área econômica o principal objetivo do presidente era formar uma economia nacional dirigida e regulada pelo Estado, deixando para trás o caráter colonial que o país ainda apresentava.

O governo de Cárdenas sofreu oposições e revoltas, sobretudo das camadas mais altas da sociedade. Desse modo, foi necessário apoiar-se nas forças populares, lançar um modelo educacional nos modelos socialistas e converter os professores em agentes e apoiadores do governo. Ao contrário dos outros governos populistas latino-americanos, o governo de Cárdenas não era anticomunista ou totalitário. A implementação dessas políticas visava solucionar conflitos sociais e melhorar a situação do país após a crise econômica de 1929. Procurando estabelecer um diálogo com as camadas populares e firmar um compromisso com as conquistas da Revolução, principalmente na área social, o presidente também buscava angariar aprovação popular e manter seu partido no poder.

No início de seu governo, Cárdenas ainda não havia imposto a censura à imprensa nem a seus opositores, as greves eram permitidas (o governo não intervinha nelas) e as organizações operárias também tinham liberdade – a qual mais tarde foi convertida em apoio ao governo em choques com lideranças conservadoras do país.

O governo Cárdenas estreitou as relações com as Forças Armadas por meio da ocupação de altos postos militares por indivíduos próximos e leais a ele, bem como direcionou as políticas para as massas. Com características políticas socialistas, como a realização de ações e reformas sociais, o presidente mantinha alta aprovação por parte da população, ao mesmo tempo que se indispunha com as elites econômicas de seu país. Porém, ao longo do tempo, foi preciso mudar de estratégia. As conjunturas nacionais e internacionais interferiram na gestão do presidente, sobretudo nas ações de grupos de extrema direita no México, que tentavam desestabilizar o governo, não permitindo que este guinasse totalmente para a esquerda.

Na Argentina, o governo populista instaurado com a eleição de Perón, em 1946, apresentou características diferentes do governo no México. Com um governo anticomunista e repressivo, mas com políticas voltadas para as bases populares do país, configurou-se com o apoio dos trabalhadores, de grupos nacionalistas, de setores das Forças Armadas e da Igreja, que viam seus anseios representados na figura de Perón. Durante o período em que esteve no poder, Perón realizou campanhas nacionais voltadas à propagação de imagens e símbolos de sua figura, como o distintivo do *escudito* – símbolo inspirado no desenho do escudo nacional com mãos apertadas em sentido diagonal, usado como um modo de identificação dos leais ao peronismo.

A principal base do governo de Perón foi o desenvolvimento de políticas sociais, principalmente na área trabalhista, voltadas para o proletariado nacional, o que se configurou na institucionalização e no controle da classe trabalhadora por meio de sindicatos, que eram também controlados pelo governo. Na área econômica, realizou-se uma política fundamentada no nacionalismo, definindo a nacionalização de poços de petróleo, minas de carvão (entre outros minerais) e serviços públicos, como transporte, água, luz e telefonia. Porém, a adoção dessas políticas distanciou Perón dos setores dominantes da sociedade argentina, o que, em 1955, tirou o presidente do poder por meio de um golpe de Estado liderado por adversários políticos e setores das Forças Armadas.

Já no Brasil, o populismo teve início na década de 1930, tendo como base o clientelismo da Primeira República, durante o governo de Getúlio Vargas. O fenômeno do populismo no Brasil estava elencado no projeto modernizador do país por via da industrialização e na figura de Vargas como o benfeitor da classe trabalhadora. Ao produzir leis de proteção e benefícios aos trabalhadores, Vargas ganhou o apoio das classes populares e manteve-se na política nacional. Todavia, a implementação de um regime trabalhista não acabou com as relações desiguais entre Estado e sociedade, principalmente no que se refere às classes trabalhadoras, que, apesar de terem adquirido direitos trabalhistas, foram proibidas de se organizarem em sindicatos não autorizados pelo governo. Essa medida foi um meio de conter a ameaça comunista. O anticomunismo e a repressão aos opositores marcaram os dois governos Vargas.

Em comum, os três governos latino-americanos tiveram o culto à personalidade do chefe de Estado, à propaganda em massa e à política nacionalista. O governo de Cárdenas, no México, diferenciou-se dos demais por adotar uma postura voltada ao socialismo, ao passo que a Argentina e o Brasil viam o comunismo como uma ameaça. Tanto Perón como Vargas instauraram medidas autoritárias para conter a ameaça comunista e seus representantes e tiveram apoio internacional para isso, como o recebido dos Estados Unidos. Retornando ao poder por algumas vezes mais, ambos experimentaram momentos distintos do desenvolvimento de suas nações, que viriam ainda a passar por regimes militares. O grande desafio imposto pelo populismo foi o exercício de amadurecimento da população diante das ferramentas democráticas que foram subjugadas pelos golpes de Estado que ocorreriam intensamente na América Latina nos anos seguintes do século XX.

(4.7)
Revolução, regime militar e redemocratização na Bolívia

A Bolívia é um dos 12 países que compõem a América do Sul e, no período pré-colombiano, fazia parte do Império Inca até se tornar parte do Vice-Reino do Peru, quando declarou independência na primeira metade do século XIX. Desde então, o país passou por regimes políticos diversos, entre democracia e governos militares, assim como aconteceu com a maioria dos países da América Latina. Mesmo após perder a Guerra do Chaco (1932-1935) e sofrer o massacre dos mineiros de Catavi, em 1942, a situação política da Bolívia permaneceu estável até o início da década de 1950, quando o governo de Hugo Ballivián foi derrubado pela população em abril de 1952 e o Exército Nacional foi derrotado pelas milícias formadas por operários e camponeses. Entre os grupos envolvidos nos conflitos estavam o Movimento Nacionalista Revolucionário (MNR), que assumiu o poder, e o Movimento Operário, que apareceu na forma da Central Obrera Boliviana (COB) e era composto por militantes trotskistas[II].

A força desse levante popular se mostrou grande o suficiente para pressionar o governo do MNR a nacionalizar as grandes empresas mineradoras que exploravam o território boliviano. Em 1953, em decorrência das inúmeras ocupações de terra, os movimentos populares obrigaram o governo nacional a iniciar uma reforma agrária no país. Em relação ao Exército Boliviano, este sofreu um impacto muito grande do levante popular, e os dirigentes da COB pediram a sua total dissolução e substituição por um exército popular, formado prioritariamente por milícias armadas e camponeses. Essa sugestão não foi bem aceita pelo governo do MNR, que começou a rearticular e rearmar o Exército de acordo com seus próprios interesses. Entretanto, como o governo não pretendia chocar-se com as expectativas das massas, explicou que esse reaparelhamento do Exército seria um meio de fortalecer os objetivos da revolução, não sendo mais um serviço a favor das velhas oligarquias nacionais.

Uma das primeiras medidas tomadas pelo MNR foi transformar o perfil social dos oficiais, abrindo espaço para a entrada de outras classes sociais no oficialato por meio de cotas para o ingresso no Colégio Militar, permitindo, assim, o ingresso de filhos de operários, bem como a entrada de camponeses e das classes médias.

II. *O trotskismo é uma vertente do marxismo que se fundamenta nos escritos do político ucraniano Leon Tróstki e foi formulada como teoria política e ideológica.*

No final da década de 1960, a visão sobre o papel do Exército, como entidade nacional, começou a mudar. Quando Siles Suazo assumiu a presidência (1956-1960), tornou a enfatizar o Exército como a entidade defensora da soberania e dos interesses nacionais.

No mandato de Suazo, o Exército retomou seu antigo lugar de poder na sociedade boliviana, passando então a servir ao governo como força coercitiva e repressora, agindo contra grevistas e milícias, distanciando-se dos ideais que levaram o MNR ao poder. Em 1963, foi criada uma lei que permitiu ao Exército assumir a função de polícia e segurança interna, o que o levou a desempenhar um papel de suporte político e social aos novos interesses do governo.

O resultado disso veio nas eleições de 1964, quando foram eleitos para a presidência Victor Paz Estenssoro e seu vice, o General René Barrientos. Assim, um militar passou a ocupar um lugar que se destinava a um representante das massas. Em 4 de novembro de 1964, Barrientos, então vice-presidente, liderou um golpe de Estado com apoio dos militares e de alguns grupos civis. Entre esses apoiadores estavam partidos políticos como o Partido Revolucionário Autêntico (PRA), o Partido Democrata Cristão (PDC), a Falange Socialista Boliviana (FSB), além da ala do MNR que era liderada por Siles Suazo.

Uma das primeiras medidas do novo governo Barrientos foi ressuscitar a Constituição de 1945, escrita durante o domínio das oligarquias em benefício delas mesmas, bem como iniciar represálias violentas contra movimentos de cunho social. Em 1965, o salário dos mineiros foi reduzido em 40% e a Corporación Minera de Bolivia (Comibol) foi reorganizada. Buscando contornar a queda das reservas mineiras e seu preço no mercado, o governo interpretou que a Comibol apresentava ineficiência administrativa e grande número de funcionários. Para tanto, houve diminuição no número de trabalhadores e reestruturação administrativa, o que não agradou a maioria dos mineiros e suas comunidades.

Em maio de 1965, os mineiros saíram às ruas em mobilizações e começaram uma greve geral que se espalhou por todo o país. Entre as reivindicações estavam a liberdade aos dirigentes da COB e melhorias salariais. Com isso, os movimentos sociais começaram a se articular pelo país, do mesmo modo que os militares se reorganizaram para enfrentá-los. Reuniões sindicais nos locais de trabalho foram então proibidas, bem como impediram o posicionamento dos sindicatos sobre questões políticas. Os mineiros continuaram resistindo e enfrentando o governo militar. Suas várias lideranças políticas foram perseguidas, presas e exiladas; milhares de mineiros foram demitidos, e os militares passaram a ocupar as minas. A COB, os sindicatos e os partidos de oposição passaram a ser considerados ilegais. Essa situação se estendeu pelo segundo mandato de Barrientos, proclamado novamente presidente em 1966.

Após a morte de Barrientos, em 1969, sucederam-se na presidência do país vários governos de curta duração, principalmente de militares. Essa situação durou por dois anos e, em agosto de 1971, o governo de Juan José Torres, também militar, foi vítima de um golpe de Estado comandado pelo Coronel Hugo Banzer, que permaneceu no poder até 1978, quando renunciou ao governo e outra junta militar assumiu novamente. O governo de Banzer foi marcado pelo fim dos direitos civis e da repressão a movimentos trabalhistas.

Em 1980, o país sofreu mais um golpe de Estado, comandado pelo General Luis García Meza, cujo objetivo era evitar a eleição democrática de Hernán Siles Suazo para a presidência. O governo de Meza durou até 1982, quando este foi afastado da junta militar que governava o país e a democracia foi restaurada com votos diretos, permanecendo assim até os dias atuais.

(4.8)
Governo militar no Paraguai

O regime militar paraguaio teve início em 1954, quando o General Alfredo Stroessner liderou um golpe de Estado e tomou o poder até 1988. Para conseguir se manter na presidência, Stroessner precisou tomar algumas medidas no início de seu governo, como verticalizar o Partido Colorado. Essa atitude foi necessária porque, no governo anterior, o Presidente Federico Chaves havia feito uma partidarização do Exército e das elites políticas com o intuito de conseguir a lealdade dessas forças.

Além de centralizar o partido e expulsar qualquer opositor, o regime de Stroessner foi marcado por eleições nas quais ele sempre era eleito. No total, foram seis eleições, entre 1958 e 1988, que davam uma ilusão de que o governo era democrático. Outra característica do regime foi o constante estado de sítio no qual o país viveu e a repressão violenta do seu governo, que estabeleceu um controle político e social, justificado com discurso nacionalista, voltado para a proteção dos bens nacionais, além de um discurso anticomunista, que levou o regime militar paraguaio a conseguir apoio dos Estados Unidos e das demais ditaduras na região.

Em 1958, ocorreram mobilizações sociais exigindo a saída de Stroessner do poder, bem como o fim do constante estado de sítio no país. Isso levou à dissolução do Congresso Nacional e manteve o estado de sítio permanentemente. Tendo os canais democráticos bloqueados, a mobilização da população passou a ocorrer por meio de grupos de guerrilhas, entre os quais estavam o 14 de Mayo – formado por membros do Partido Liberal e do Partido Revolucionário Febrerista, que se organizaram durante o exílio dos militantes. A intenção desse movimento era tirar Stroessner do poder e, no intuito de concretizar esse objetivo, o grupo tentou invadir o Paraguai, mas o plano fracassou e os envolvidos foram presos e mortos. Outro grupo de guerrilha que surgiu dentro do Paraguai foi a Frente Unido de Liberación Nacional (Fulna), ligada ao Partido Comunista Paraguaio, que tinha os mesmos objetivos.

O regime de Stroessner foi marcado pelo terror e pela repressão, que levou ao descontentamento da população e até mesmo das Forças Armadas. Assim, em fevereiro de 1989, o General Andrés Rodríguez realizou um golpe de Estado e conseguiu depor o presidente paraguaio e tomar a presidência. Ao assumir o governo, Rodríguez autorizou a volta dos exilados, legalizou organizações e instituições políticas e convocou eleições, sendo eleito presidente e permanecendo no cargo até 1993, quando ocorreu uma nova votação direta.

Depois disso, o Paraguai manteve uma continuidade democrática que só foi perturbada por uma instabilidade em 2012, quando o ex-Presidente Fernando Lugo foi destituído do cargo, após um processo de *impeachment*, classificado pelo Brasil e pelos demais membros do bloco de integração regional Mercosul como golpe de Estado. Essa crise levou o Paraguai à suspensão temporária do Mercosul, a qual foi revogada em 2013, ano em que também ocorreram as eleições presidenciais que fizeram de Horacio Cartes (do Partido Colorado, de orientação ideológica de centro-direita) presidente do Paraguai. A eleição de Cartes trouxe mudanças no perfil da classe política sul-americana, que, principalmente desde os anos 2000, era predominantemente eleita por partidos de esquerda, o que pode levar o Paraguai ao isolamento na região e nos processos de integração sul-americana.

(4.9)
Governos militares na Argentina

O início do primeiro período de governo militar argentino, que ocorreu entre os anos de 1966 e 1973, começou com o golpe de Estado que derrubou o Presidente Arturo Illia, em 28 de junho de 1966. Esse episódio foi denominado pelos seus articuladores de *Revolução Argentina*. Durante os governos militares, o país foi regido pelo Estatuto da Revolução Argentina em substituição a uma Constituição. Com a instauração do regime militar, ocorreram a proibição e a extinção dos partidos políticos, assim como foram proibidas manifestações e a participação política da população de forma direta. O regime foi marcado pela repressão, pela falta de direitos civis e pelo estado de sítio, que vigorou praticamente durante todo o período. O exercício do poder foi realizado por três presidentes ao longo do regime: Juan Carlos Onganía, Roberto Marcelo Levingston e Alejandro Agustín Lanusse.

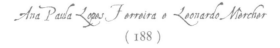

O governo de Onganía durou de 1966 a 1970. Durante a permanência deste no poder, muitos direitos civis foram suspensos, tornando-se proibidas as associações, as greves e as atividades sindicais. As ações de centros estudantis nas universidades também foram reprimidas, e os estudantes passaram a ser vistos pelo governo como nichos da subversão e do comunismo. A relação entre o governo e as universidades era grave, levando a episódios como a Noite dos Cassetetes, em 19 de julho de 1966, quando forças policiais invadiram as universidades, agrediram estudantes e professores e destruíram laboratórios e bibliotecas públicas. Esse ato levou inúmeros professores e pesquisadores a se exilarem, comprometendo a comunidade científica argentina. Na área econômica, foram adotadas medidas voltadas para a liberalização dos mercados. Com o fim do governo de Onganía, uma junta militar assumiu o governo, designando o General Roberto Marcelo Levingston como presidente, mas este permaneceu por pouco tempo no poder – somente até 1971, quando foi substituído pelo general Alejandro Agustín Lanusse.

Com Lanusse na presidência até 1973, ocorreram importantes investimentos na área de infraestrutura no país. Ao contrário dos dois governos anteriores, Lanusse preparou a Argentina para o retorno de um governo civil e, em 1973, convocou eleições gerais e suspendeu a proibição ao Partido Justicialista. As eleições de 1973 levaram Vicente Solano Lima à presidência pela Frente Justicialista de Liberación (Frejuli), que era integrante do movimento peronista, dando abertura para o retorno de Perón à Argentina após 18 anos de exílio no Peru, além do retorno à política em 1973. Perón governou a Argentina de 1973 até 1974, quando faleceu. Depois de sua morte, tiveram início os dois anos de governo de María Estela Martínez de Perón, viúva de Perón, que governou o país até o golpe de março 1976, autodenominado *Processo de Reorganização Nacional*, que levou Jorge Rafael Videla à presidência do país.

O regime imposto por Videla instaurou a repressão no país. Durante seu mandato, a violação aos direitos humanos foi algo comum, sendo o governo responsável pela prática de torturas, por prisões arbitrárias e pelo desaparecimento de opositores – um meio encontrado para conter as ameaças comunistas e reformistas, principalmente nos meios estudantis. Em decorrência dessa situação, em 1977, surgiu o movimento Mães da Praça de Maio, que reivindicava o paradeiro de filhos desaparecidos. Esse movimento durou até 2006, realizando semanalmente encontros e caminhadas, a fim de pressionar o governo para que abrisse seus arquivos.

Na área econômica, o governo de Videla foi desastroso. Ao implementar o neoliberalismo, levou o país a um colpaso do setor industrial nacional, com queda nos salários e aumento da pobreza, além de ter provocado o crescimento da inflação. A situação econômica argentina foi se agravando cada vez mais, forçando a renúncia de Videla em 1981, quando o militar Leopoldo Galtieri assumiu o comando.

O govenro de Galtieri foi curto, durou de 1981 a 1983. Dois fatores pesaram para que sua estadia no poder fosse rápida: a crise econômica pela qual o país passava e o fracasso na Guerra das Malvinas, contra a Grã-Bretanha, iniciada em 1982. O elevado custo financeiro e moral gerado pela perda da guerra não conseguiu desviar as atenções dos problemas econômicos; ao contrário, reforçou o foco da população sobre a má administração pública.

A derrota na guerra garantiu a perda de apoio da população argentina ao governo, obrigando-o a convocar eleições e a retornar à democracia – isso não aconteceu de forma planejada, mas foi a saída encontrada para aquietar as manifestações da nação.

Após as eleições diretas em 1983, diversos presidentes assumiram a liderança da Argentina, que, nos anos 1990 e 2000, passou por graves crises financeiras, resultantes da fixação da moeda ao dólar, bem como da perda das indústrias nacionais diante da concorrência estrangeira e do calote aos credores internacionais, o que diminuiu os investimentos estrangeiros na economia local. Desde 2003, a Argentina tem sido governada pelos Kirchner – primeiro por Nestor Kirchner, eleito em 2003 para a presidência da República, e depois pela sua esposa, Cristina Kirchner, que venceu as eleições em 2007 e foi reeleita em 2011.

(4.10)
Governo militar no Chile

Em 1973, o Presidente Salvador Allende, eleito em 1970 pela Unidade Popular (coalizão de partidos de esquerda), foi retirado do poder por um golpe de Estado realizado a mando dos comandantes das Forças Armadas, quando tropas do Exército e aviões da Força Aérea atacaram o Palácio de La Moneda. Esse golpe levou uma junta militar ao poder, e o então comandante do Exército, Augusto Pinochet, passou a ocupar a presidência da nação. Uma das primeiras medidas desse novo governo foi estabelecer um estado de guerra, no qual toda e qualquer pessoa poderia ser detida ou executada pelas tropas, juntamente com o decreto do estado de sítio, suspendendo os direitos civis.

Inicialmente, o discurso era o de que Pinochet teria assumido o governo temporariamente, uma vez que a ocupação da presidência seria rotativa, mas o cargo foi tomado de forma permanente e, em julho de 1974, Pinochet tomou o posto de chefe supremo da nação, enquanto os demais integrantes da junta assumiram o Legislativo nacional. O Congresso Nacional do Chile foi fechado em setembro desse mesmo ano, e o modelo econômico implementado seguiu o modelo neoliberalista. Enquanto o Estado se mantinha forte em relação à restrição e ao controle dos direitos civis, na economia e no mercado o Estado chileno foi se tornando mínimo, ampliando as privatizações e abrindo-se para investimentos e empresas estrangeiras. O novo governo ainda estava tentando corrigir os problemas decorrentes da crise iniciada no período anterior, adotando medidas liberais – como o choque monetário estruturado na redução de gastos públicos –, as quais, num primeiro momento, fizeram a economia chilena despencar.

Com tudo isso, a balança comercial também foi afetada, as exportações caíram e o desemprego aumentou. No entanto, em decorrência do aumento do preço do cobre, um dos principais produtos de exportação do país, a economia chilena começou a se reerguer ainda na década de 1970. Mesmo com a melhora econômica, o regime chileno enfrentava problemas internos e externos. Dentro do próprio governo militar começaram a surgir rachaduras. Gustavo Leigh, um dos gestores do golpe de 1973, manifestou publicamente sua oposição ao modelo econômico e ao personalismo de Pinochet, declarando-se contra as práticas terroristas do Estado. Essa atitude levou Leigh à destituição da junta militar.

O regime de Pinochet foi marcado pela repressão, principalmente às pessoas ligadas aos partidos ou movimentos de esquerda, bem como a qualquer oposição dentro do próprio governo. Os indivíduos que se mostrassem contra o governo eram perseguidos e muitas vezes presos, torturados e mortos pelo regime. A tortura e outros tipos de violência passaram a ser práticas comuns em todo o país. A imprensa era controlada pelo Estado, com permissão somente aos meios de comunicação que estivessem alinhados com o regime militar, colocando fim à plena liberdade de imprensa e informação no país. Essa situação levou diversos Estados-membros da ONU a repudiar o governo chileno.

No plano internacional, os relacionamentos com os demais países passaram a se deteriorar, e as relações diplomáticas com o Peru e a Bolívia foram rompidas em 1978, ao mesmo tempo que ameaçavam entrar em conflito com a Argentina – episódio conhecido como *Conflito de Beagle*[III]. Ainda nesse ano, o governo militar passou a ter um novo opositor: o governo estadunidense. Depois de Jimmy Carter assumir o governo dos Estados Unidos, em 1977, o apoio inicial que havia sido estabelecido entre as duas nações foi desfeito. O episódio que teria determinado esse rompimento foi o assassinato do diplomata chileno Orlando Letelier, em 1976, que estava exilado em Washington por ter se tornado ativista político contra o governo de Pinochet. Assim, os Estados Unidos passaram

---

III. *O Conflito de Beagle foi uma disputa entre o Chile e a Argentina pela posse de três ilhas localizadas estrategicamente no Canal de Beagle. O interesse chileno era essencialmente estratégico, pois a conquista do território tornaria o Chile um país bioceânico. Essa possibilidade seria desastrosa para a Argentina, principalmente porque o país ainda esperava obter uma faixa de terra na Antártica, objetivo que seria inviabilizado se o Chile exercesse o domínio de tal território.*

a pressionar o governo chileno para que se estabelecessem maiores liberdades civis no país e se acabasse com as violações aos direitos humanos.

Em 1980, foi então aprovada a nova Constituição chilena, que foi submetida a um plebiscito, cujos resultados eleitorais nunca foram abertos, o que causou a contestação e a manifestação de opositores. Houve então, em setembro de 1980, a realização de um novo referendo, no qual uma nova Constituição Política da República do Chile foi aprovada, entrando em vigor no ano seguinte, em 1981. Nesse mesmo momento, surgiu a sombra de uma nova crise econômica sobre o país e novamente foram fortalecidas metas neoliberais nas políticas nacionais, mas desta vez sem apresentar grandes resultados como anteriormente.

Esse contexto levou a um déficit da balança de pagamentos e à fuga de capital estrangeiro do país. As empresas chilenas, que haviam aproveitado a promessa de um câmbio fixo (de 1 dólar para 39 pesos chilenos), ao pedirem empréstimos, logo quebraram e tiveram de ser fechadas, uma vez que o peso estava desvalorizado e a política de câmbio fixo, extinta. Durante os anos 1980, a situação econômica chilena foi se agravando continuamente e provocando protestos populares, que foram reprimidos pelo governo por meio de uma nova instauração de estado de sítio no país.

Em meio à crise econômica e aos protestos, surgiu a Frente Patriótica Manuel Rodríguez (FPMR), objetivando o fim do regime militar. Em dezembro de 1986, a FPMR tentou assassinar Pinochet, mas fracassou, e vários membros da Frente foram condenados à morte. O retorno à democracia no Chile foi lento e gradual, tendo um início simbólico em agosto de 1985, com o Acordo

Nacional para a Transição à Plena Democracia. Esse processo de afastamento do regime ditatorial foi iniciado pela aproximação da Aliança Democrática com o governo. Em 1987, foram promulgadas a Lei Orgânica Constitucional dos Partidos Políticos, permitindo a criação de partidos políticos, e a Lei Orgânica Constitucional, deliberando sobre o sistema de inscrições eleitorais e o serviço eleitoral, permitindo, assim, a abertura dos registros eleitorais e alterando de forma significativa o cenário político interno. O retorno à democracia no Chile teve apoio do Papa João Paulo II, que, em visita ao país, presenciou protestos e represálias por parte do governo.

Em 1988, foi convocada a realização de um plebiscito para decidir se haveria eleições e se Pinochet permaneceria ou não no governo. Também nesse ano foi permitida a propaganda política livre. Os resultados finais das eleições para presidente e para o parlamento, em 1989, indicaram a derrota de Pinochet, que, no ano seguinte, entregou o poder ao presidente eleito Patricio Aylwin, que governou o Chile entre 1990 e 1994. Após sua queda, Pinochet passou por diversas investigações e julgamentos, falecendo em 2006.

Em 1994, Eduardo Frei Ruiz-Tagle foi eleito presidente do Chile, sucedido em 2000 por Ricardo Lagos, eleito pelo Partido Socialista do Chile, mesmo partido de Salvador Allende. Posteriormente, em 2006, foi eleita a primeira mulher para a presidência chilena, Michelle Bachelet, filiada ao Partido Socialista, tendo sido sucedida por Sebastián Piñera, em 2010. Atualmente, o Chile segue em regime democrático e tenta maior aproximação com as demais nações sul-americanas, como por via do bloco político União das Nações Sul-Americanas (Unasul).

(4.11)
Regime civil-militar no Uruguai

A instauração do regime militar no Uruguai teve origem na crise econômica de 1955, que trouxe consequências sérias ao país, como o declínio das condições sociais da população e o aumento dos conflitos internos, bem como da formação de movimentos de luta armada, tanto de esquerda quanto de extrema direita. Enquanto esse cenário se constituía, as Forças Armadas buscaram aumentar suas influências políticas nas tomadas de decisão nacional.

Em 1973, as Forças Armadas realizaram um golpe de Estado com o apoio do presidente Juan María Bordaberry, que permaneceu no poder. Em 27 de julho de 1973, as casas legislativas, Senado e Câmara dos Deputados, foram fechadas e substituídas por um conselho de Estado que assumiu suas funções. Logo após o fechamento do Legislativo, a Convenção Nacional de Trabalhadores (CNT), central sindical do Uruguai, foi declarada ilegal e seus líderes foram presos. Dois anos após o golpe, em 1975, foi instituído o Conselho da Nação, um órgão executivo formado por civis e militares que tivessem alguma relevância nacional, não precisando ser escolhidos por voto popular.

No ano seguinte, em 1976, o governo adotou novas medidas de organização, como a destituição dos partidos políticos e o fim da democracia e das eleições. Assim, a soberania nacional passou a ser exercida mediante plebiscitos ou indiretamente pelo Conselho da Nação. As medidas adotadas não foram aceitas pelas Forças Armadas, que acreditavam que a destituição dos partidos políticos era uma medida muito arriscada a ser tomada naquele momento,

Ana Paula Lopes Ferreira e Leonardo Mercher

iniciando-se um conflito entre o Presidente Bordaberry e os militares. Na tentativa de solucionar o empasse entre as partes, foi organizada uma reunião entre o presidente e representantes das Forças Armadas, mas os resultados não saíram como o esperado. Os militares pediram a renúncia do presidente, que se negou a deixar seu cargo. Uma nova reunião do Conselho da Nação foi convocada pelas partes e o Conselho indicou Alberto Demicheli para a presidência, cargo assumido em 12 de junho, depondo o Presidente Bordaberry.

Com Demicheli à frente do governo, a repressão aumentou. Para assegurar o domínio militar total, foram adotadas medidas como o toque de recolher e as proibições ao direito de realização de greves. Em decorrência das desavenças com os militares, foi necessário indicar um novo nome ao cargo de presidente; Aparício Méndez foi indicado pelas Forças Armadas e governou por cinco anos. A abertura para o retorno à democracia ocorreu em 30 de novembro de 1980, quando foi proposto pelo governo civil-militar um plebiscito constitucional para decidir se a Constituição deveria ser modificada. Os uruguaios votaram pela não continuidade do governo de Méndez e, com isso, no ano seguinte, o General Gregorio Álvarez assumiu a presidência.

Em agosto de 1984, foi celebrado o acordo chamado de *Pacto do Clube Naval* entre Álvarez, a Frente Ampla, o Partido Colorado e a União Cívica. Esse acordo previa o retorno ao regime democrático no Uruguai por meio de eleições, que foram então realizadas em 25 de novembro do mesmo ano e nas quais Julio María Sanguinetti foi eleito presidente pelo Partido Colorado. Assim, foram restaurados os caminhos democráticos na política uruguaia e, em 1989,

Luis Alberto Lacalle, do Partido Nacional, foi eleito à presidência da República. Em 1994, Sanguinetti foi eleito novamente presidente do Uruguai, sendo sucedido por Jorge Batlle, em 1999, do Partido Colorado. Em 2004, a Frente Ampla conseguiu eleger seu candidato, Tabaré Vázquez, que durante seu governo reduziu a pobreza e o desemprego. Em 2009, foi a vez de José Mujica assumir o governo.

(4.12)
Regime militar no Brasil

No Brasil, o regime militar durou 25 anos, a contar de 1964, quando um golpe de Estado foi deflagrado contra o governo legalmente constituído de João Goulart, até 1989, quando ocorreram as primeiras eleições diretas. Durante os 25 anos de regime, assumiram o poder cinco governos militares: Castello Branco (1964-1967); Costa e Silva (1967-1969); Emílio de Médici (1969-1974); Geisel (1974-1979); João Figueiredo (1979-1985); e o civil José Sarney (1985-1989) – período da transição do regime militar para um regime liberal-democrático.

O golpe de Estado de 1964 foi saudado por importantes setores da sociedade brasileira, como parte do empresariado, imprensa, proprietários rurais, governadores e setores da classe média que viam na intervenção militar uma forma de conter a ameaça da esquerda supostamente comunista. Após ter deposto João Goulart, o novo regime instaurou os Atos Institucionais, mecanismos jurídicos autoritários que davam legitimidade às ações políticas contrárias às previsões legais e aos direitos garantidos pela Constituição Federal de 1946 – substituída, posteriormente, pela Constituição Federal de 1967.

Em 2 de abril de 1964, com a saída de João Goulart do país, o Congresso Nacional declarou que a Presidência da República estava vaga e deu posse ao presidente da Câmara Federal, Ranieri Mazzilli, que permaneceu no cargo até dia 15 de abril. O Congresso Nacional foi então dissolvido, as eleições diretas foram extintas, os direitos civis foram suprimidos e foi criado um código de processo penal militar que permitia que o Exército Brasileiro e a Polícia Militar prendessem cidadãos considerados suspeitos, além de impossibilitar recursos e revisão judicial.

O governo militar brasileiro foi marcado pelo ideal nacionalista e desenvolvimentista, que buscava legar à nação o progresso e o desenvolvimento econômico. Esse período também teve como características o anticomunismo, a censura aos meios de comunicação e à imprensa, além de práticas de tortura e o exílio de opositores e dissidentes do regime. No campo político, foi instaurado o bipartidarismo, sendo somente a Aliança Renovadora Nacional (Arena) e o oposicionista Movimento Democrático Brasileiro (MDB) os partidos políticos permitidos. O primeiro militar a assumir o governo nesse período foi o Marechal Humberto de Alencar Castello Branco, que, por indicação do comando militar, foi eleito presidente do país, tomando posse em 15 de abril de 1964 e permanecendo no poder até 1967. O governo Castello Branco iniciou a adoção dos Atos Institucionais como medidas de repressão aos opositores do governo, decretou o fechamento de associações civis, proibiu greves, interveio em sindicatos e cassou mandatos de políticos.

A presidência seguinte foi do Marechal Arthur Costa e Silva, que tomou posse em 15 de março de 1967, data em que entrou em vigor a nova Constituição Federal. O governo de Costa e Silva iniciou uma fase mais dura, intensificando as repressões aos opositores, que cada vez mais se manifestavam contra o regime. Em 1969, chegou ao fim o governo Costa e Silva e teve início o do General Emílio Médici, que acirrou ainda mais o combate à esquerda e à propaganda institucional, com a intenção de elevar a moral cívica e nacionalista da população. Médici tinha como prioridade o desenvolvimento econômico do país e lançou a ideia de "milagre econômico"[IV].

Médici ocupou a presidência por cinco anos, sendo sucedido por Ernesto Geisel, que assumiu o governo de 1974 até 1979, tendo como proposta principal a abertura econômica do país, num momento em que o Brasil se encontrava em uma situação de grande endividamento externo e com alta inflação. O "milagre econômico" havia chegado ao fim, e as crises internas geradas pela politização das Forças Armadas trouxeram instabilidade ao governo, que manteve a violação dos direitos civis. Foi também no governo de Geisel que começou a haver um lento processo de abrandamento do regime, dando início a uma abertura para o retorno da democracia. Na sequência, em 1979, Figueiredo assumiu a presidência, sendo o último presidente militar do período.

No início da década de 1980, o regime militar começou a entrar em decadência, principalmente em virtude da situação econômica pela qual o país passava e do cenário das nações vizinhas. Assim, em 1982, teve início um movimento pró-democracia. O sistema

---

[IV]. Milagre econômico *é o nome dado ao crescimento econômico ocorrido entre 1968 e 1973, durante o regime militar, com o aumento do PIB (Produto Interno Bruto) de 9,8% a.a. em 1968 para 14% a.a. em 1973, ao mesmo tempo que crescia a inflação, assim como a pobreza e a concentração de renda.*

multipartidário retornou e, em 1984, foram realizadas eleições presidenciais com candidatos civis, quando foi eleito Tancredo Neves, que não chegou a tomar posse por problemas de saúde que o levaram à morte. Assumiu, então, o seu vice, José Sarney – o primeiro presidente civil depois de vinte anos de presidentes militares. Sarney permaneceu no poder como presidente de transição do regime militar para o democrático até 1989, quando foram realizadas novas eleições, que instituíram Fernando Collor de Mello como o primeiro presidente do novo período democrático brasileiro.

(4.13) Interferência estadunidense na América Latina: Operação Condor, invasão ao Panamá e Plano Colômbia

Com o advento da Guerra Fria e a política de contenção ao comunismo, principal ameaça à segurança e à influência dos Estados Unidos no plano internacional, a América Latina se tornou palco do perímetro de segurança norte-americano. Sobretudo após a Revolução Cubana, em 1959, o governo estadunidense adotou uma doutrina de segurança nacional que refletiu em diversos países da América Latina por meio de intervenções diretas e indiretas que contribuíram com golpes de Estado e mantiveram regimes autoritários nas nações da região.

Os governos militares da América do Sul, influenciados pelo combate à oposição comunista dos Estados Unidos, tiveram participação na Operação Condor, ou Carcará, como ficou conhecida no

Brasil. Essa operação consistiu em uma aliança político-militar entre os regimes militares da América do Sul – Argentina, Brasil, Chile, Bolívia, Paraguai e Uruguai – e a Agência Central de Inteligência dos Estados Unidos (CIA), durante as décadas de 1970 e 1980.

O objetivo dessa aliança oculta era coordenar a repressão aos opositores dos regimes militares nesses países, que se mantinham aliados aos Estados Unidos por meio da violência e da suspensão dos direitos civis. A Operação Condor durou até o início dos processos de redemocratização, na década de 1980, e foi responsável por um grande número de trocas secretas de informações, bem como por perseguição política a muitos cidadãos. A operação foi originária da aliança entre a Direção da Inteligência Nacional do Chile (Dina) e a CIA, em 1975. Com o objetivo de coordenar cooperações na área militar para fazer frente ao comunismo na região, acordos entre essas duas nações logo foram ampliados para Argentina, Brasil, Bolívia, Paraguai, Peru e Uruguai – tendo como área de ação os territórios dos Estados que secretamente se associaram.

A iniciativa de cooperação com informações e estratégias de repressão facilitou a ação conjunta e a execução de operações militares na América do Sul. Para agirem, os membros da operação dispunham de um banco de dados com as mais diversas informações sobre seus "inimigos". O acordo também previa a formação de equipes que atuassem em todo o território da região acordada, eliminando opositores ou colaboradores dos grupos de oposição aos regimes, mesmo que estes estivessem fora de suas fronteiras nacionais.

O governo dos Estados Unidos, além de ajudar na constituição da operação, também contribuiu na estruturação desta por meio do subsídio de informações obtidas por militares em operações nas nações latino-americanas. A Operação Condor atendia, primeiramente, aos interesses do governo estadunidense, garantindo que a América do Sul não se tornaria palco de movimentos de esquerda alinhados à União das Repúblicas Socialistas Soviéticas (URSS), enquanto os governos sul-americanos colocavam em prática as políticas de contenção ao comunismo internacional e às ameaças reformistas internas, a fim de conservar seus regimes militares e suas balanças comerciais com as nações mais ricas – sobretudo com os Estados Unidos e a Europa Ocidental.

Essa estratégia tinha caráter político, reforçando a dependência econômica, política e militar dos países latino-americanos em relação aos Estados Unidos, bem como adequava-se aos interesses das elites econômicas regionais. Para os senadores estadunidenses, "os Estados Unidos deveriam encorajar a utilização de recursos militares na América Latina para o apoio de objetivos econômicos e sociais, tanto quanto possível paralelamente ao desempenho de suas missões de segurança" (Gruening, 1962, citado por Andrade, 2005, p. 132). Essa foi uma de diversas outras estratégias internacionais utilizadas para conter a expansão soviética, de suas zonas de influência e dos agentes civis que porventura pudessem causar instabilidades adversas nos regimes latino-americanos, bem como para fragilizar estruturas que facilitariam a ascensão de outros grupos reformistas.

Além dos movimentos reformistas, os Estados Unidos também passaram a se preocupar com outras dinâmicas transnacionais na região, como instabilidades econômicas e o tráfico de drogas. Ao serem elevadas a uma condição de ameaça à segurança internacional, as rotas de tráfico de entorpecentes ilícitos foram securitizadas e isso mobilizou novas frentes de intervenção estadunidense, como a que aconteceu no Panamá, em 20 de dezembro de 1989, com o objetivo de capturar o general e governante panamenho Manuel Noriega, sob a acusação de tráfico de drogas e risco à segurança internacional.

Essa situação remonta, na verdade, ao ano de 1977, quando o chefe de Estado da República do Panamá, o General Omar Torrijos Herrera, e o presidente dos Estados Unidos, Jimmy Carter, assinaram o Tratado Torrijos-Carter sobre o Canal do Panamá, cujas cláusulas estabeleciam a devolução dos territórios administrados, a monitorização do funcionamento do canal, o encerramento de bases militares e a partida de todos os soldados estadunidenses ali presentes. Ao longo da década de 1980, as relações entre os Estados Unidos e o Panamá foram se deteriorando e, desde que tomou posse como comandante das Forças de Defesa do Panamá, o General Manuel Antonio Noriega passou a ser alvo de acusações de assassinatos, fraude eleitoral e relação com o crime organizado, as quais se mostraram verdadeiras.

Em 1987, os Estados Unidos bloquearam a ajuda econômica e militar ao Panamá como resposta à crise política interna e ao atentado contra a embaixada estadunidense. Em fevereiro do ano seguinte, Noriega foi acusado pelo governo dos Estados Unidos de colaborar com o tráfico de drogas e, em abril do mesmo ano, o presidente estadunidense Ronald Reagan invocou a Lei de

Emergência Internacional das Potências Econômicas, instaurando o congelamento de ativos do governo panamenho nos bancos, bem como a implementação de taxas de retenção para o uso do canal e a proibição dos pagamentos por agências americanas, empresas e indivíduos para o regime de Noriega. Assim, o Panamá entrou em grave instabilidade econômica.

As eleições de 1989 foram anuladas por Noriega, que justificou o ato como sendo decorrente da interferência do governo dos Estados Unidos, que começou a enviar tropas para as bases na zona do canal. A Assembleia Nacional do Panamá se manifestou concedendo poderes especiais ao General Noriega, agora nomeado chefe do Gabinete de Guerra, ao mesmo tempo que declarou estado de guerra contra os Estados Unidos.

O governo estadunidense justificou sua intervenção no Panamá alegando que estava protegendo a vida de cidadãos estadunidenses que se encontravam em território panamenho. Os conflitos duraram poucos dias, visto que houve pouca resistência dos panamenhos às tropas americanas. Noriega se rendeu em 3 de janeiro de 1990, após várias semanas foragido. A ONU e a OEA condenaram a intervenção, mas a ação já havia sido realizada.

Na Colômbia, a intervenção estadunidense ocorreu por meio do Plano Colômbia, criado pelo governo dos Estados Unidos em 2000, com o objetivo de combater a produção e o tráfico de drogas originário na Colômbia, além de se tornar parte da luta contra as guerrilhas oposicionistas das Forças Armadas Revolucionárias da Colômbia (Farc), operantes desde 1964. Por meio da ajuda financeira e militar estadunidense ao governo colombiano, os Estados

Unidos passaram a lidar com processos muito anteriores aos de sua preocupação, tendo em vista que os conflitos na Colômbia iniciaram na década de 1940, quando o líder político Jorge Eliécer Gaitán foi assassinado, ato seguido da repressão aos opositores do governo, principalmente militantes de esquerda, com o apoio dos Estados Unidos durante a década de 1960.

As repressões aos opositores e reformistas criaram grupos de guerrilhas que fugiram para o interior. Esses conflitos iniciais tiveram duas características importantes: a primeira foi o envolvimento do governo colombiano, de grupos paramilitares e dos guerrilheiros opositores ao governo nacional; a segunda foi a aliança entre liberais e socialistas na guerra civil contra os conservadores no período entre 1948 e 1964, quando, em razão do temor de uma radicalização desse grupo que poderia acontecer em decorrência de uma possível influência da Revolução Cubana, os liberais mudaram de lado e se aliaram aos conservadores no governo, apoiando o envio de tropas ao povoado de Marquetália. Esse foi o episódio que levou os camponeses opositores a se refugiarem na selva colombiana e a constituírem as Farc em 1964. Na visão de Hobsbawn (1995), as Farc inicialmente seriam um movimento campesino da América Latina cujo principal objetivo era a constituição de um Estado socialista, defendendo a melhora das condições sociais no país.

Nos anos 1960, também surgiram outros grupos, como o Exército da Libertação Nacional (ELN) e as milícias de extrema direita, criados por conta da aprovação de uma lei que permitia a formação de milícias paramilitares para enfrentar os rebeldes, os quais, posteriormente, em decorrência da revogação dessa lei, juntaram-se e fundaram, em 1997, as Autodefesas Unidas da Colômbia (AUC). Em meio a essa situação, o governo estadunidense decidiu apoiar o governo colombiano e fornecer capital a ser investido no combate ao tráfico de drogas na região e a esses grupos tidos como terroristas por ambos os países. Já os governos da Argentina, da Bolívia, do Brasil, do Chile e do Equador reconheceram os atos violentos das Farc, mas não os classificaram como grupos terroristas; Venezuela e Cuba também não compartilharam dessa definição, tratando-os como grupos insurgentes.

Por meio de investidas militares nas áreas de plantio de coca, além de investimentos no poder bélico das Forças Armadas e no treinamento de batalhões antinarcóticos colombianos, os Estados Unidos passaram, mais uma vez, a intervir na história recente da política latino-americana. Por essa razão, diversas críticas são levantadas à postura estadunidense em relação à América Latina, muitas vezes tida como imperialista, repetindo de certa forma o colonialismo das antigas potências europeias.

Para além de questões de segurança política e combate ao narcotráfico, os Estados Unidos também intervêm de forma política e comercial na América Latina, tomando atitudes para proteger, sobretudo, suas empresas, seus investimentos estrangeiros e a produção de bens de base industrial (como o petróleo), além de buscarem o alinhamento das políticas econômicas às suas práticas internacionais.

(4.14)
Processo de redemocratização e ascensão da esquerda na América do Sul

Após a onda de governos militares instaurados na América do Sul, a região passou por um novo processo: a transição democrática, que ocorreu entre as décadas de 1970 e 1990, após inúmeros conflitos e negociações internas e externas. A transição dos regimes militares para a democracia teve diversas dinâmicas, desde processos mais graduais, como no caso brasileiro, passando por forte pressão interna, como ocorreu com a Argentina, até a influência de pressões internacionais, como aconteceu no Chile.

No Brasil, a volta ao sistema político multipartidário ocorreu em 1982, seguida de eleições com candidatos civis e militares, em 1985, e da criação de uma nova Constituição Federal, em 1988, além das eleições diretas para presidente, em 1989. Já em outras nações, como visto anteriormente, instabilidades, trocas repentinas e golpes militares (diante de regimes também militares) trouxeram peculiaridades a cada nação e sua história política. Contudo, a maioria dos países latino-americanos iniciou o processo de retorno à democracia após passar por problemas econômicos e endividamento externo, que foram agravados com as crises do petróleo nos anos 1970 e a transição para os modelos econômicos neoliberais nos anos 1980 e 1990.

Uma das medidas adotadas pelos governos para melhorar a situação foi a abertura econômica e, em alguns casos, como no Brasil e na Argentina, também houve a criação de uma nova moeda nacional. Essas medidas neoliberais, como são chamadas, tornaram-se uma forma de incentivo à entrada de capital estrangeiro e ao resgate das economias estagnadas em déficits. Nesse contexto, foi criado o Consenso de Washington, em 1989, depois de uma reunião realizada com membros do governo estadunidense, do Fundo Monetário Internacional (FMI) e do Banco Mundial (BID) com economistas latino-americanos que estudaram formas de recuperar as economias dos países da América Latina. Nessa reunião, foram ratificadas propostas de cunho neoliberal para a concessão de cooperação financeira externa a esses países, ou seja, empréstimos atrelados a compromissos de políticas fiscais justas e manutenção de superávits para pagamento das dívidas contraídas.

Nesse encontro, foram estabelecidas regras gerais por meio do consenso entre as partes. Entre esses pontos estavam: disciplina fiscal, limitando os gastos à arrecadação e eliminando o déficit público; focalização dos gastos públicos em educação, saúde e infraestrutura; reforma tributária; liberalização financeira e o fim de restrições que impedissem instituições financeiras internacionais de atuar em igualdade com as nacionais; implementação de taxa de câmbio competitiva; liberalização do comércio exterior por meio da redução de alíquotas de importação e estímulos à exportação; eliminação de restrições ao capital externo, permitindo o investimento direto estrangeiro; privatização das empresas estatais e redução da legislação de controle do processo econômico e das relações trabalhistas; e direito à propriedade intelectual (Negrão, 1998). Essas práticas apresentadas foram impostas pelas agências internacionais como condição para a concessão de empréstimos.

O FMI recomendou a implementação dessas medidas, justificando que eram necessárias para a aceleração do desenvolvimento econômico na América Latina em meio às crises internas, tanto econômicas como sociais e, consequentemente, políticas. Inicialmente, muitos países latino-americanos adotaram as medidas neoliberais, mas, após a crise asiática de 1997 e a crise econômica da Argentina, intensificou-se a pressão política para que houvesse a readaptação do modelo neoliberal à realidade da região.

Os termos previstos no Consenso de Washington, pouco a pouco, foram sendo reavaliados em muitas nações, que acabaram por buscar um equilíbrio entre Estado forte e Estado mínimo na economia. Essas práticas foram em direção contrária às práticas iniciais defendidas pelos Estados Unidos, que também sofreram uma crise econômica no início do século XXI. A grande crítica ao modelo neoliberal do Consenso de Washington está em sua incapacidade de reconhecer as especificidades de cada nação, bem como o grande fluxo comercial da globalização econômica que perdia freios diante de Estados mínimos, ou seja, permitindo pouco controle sobre os fluxos de capital e mercado.

Impondo um conjunto de reformas neoliberais nos anos 1990, concentradas na desregulamentação dos mercados, na abertura comercial e financeira, sobretudo para o investimento estrangeiro, e na redução da participação do Estado na economia, diversas nações latino-americanas ficaram reféns dos fluxos dinâmicos transnacionais e da fuga de capital. A adoção dessas medidas pelos países latino-americanos, em alguns casos, foi desastrosa, principalmente na área social, ampliando a desigualdade de renda e o aumento da pobreza, bem como aumentando a insatisfação das populações e a procura por novas alternativas de governos e suas políticas para uma nova economia. Por meio de eleições de novas candidaturas, voltadas às causas sociais, muitas nações colocaram nas posições de poder representantes do que foi então descrito como a nova esquerda latino-americana.

Dando início à ascensão dessa esquerda na América do Sul, por meio de eleições presidenciais, os modelos econômicos foram revistos. O fim do século XX e o início do século XXI foram marcados pela ascensão de governos de esquerda na América do Sul que defenderam políticas sociais, como combate à pobreza e à desigualdade social, com base na redistribuição de renda e de oportunidades, bem como a revisão do pagamento das dívidas externas, priorizando o investimento em determinadas áreas, como a educação. A eleição de governos com percepções comuns foi importante, principalmente para o processo de cooperação e integração regional. Os países com governos tidos como de esquerda, contrários ao modelo neoliberal, emergiram em boa parte da América Latina, sobretudo na América Sul. Como exemplos, temos: Venezuela (Hugo Chávez, 1998; Nicolás Maduro, 2013); Chile (Ricardo Lagos, 1999; Michelle Bachelet, 2006); Brasil (Lula da Silva, 2002; Dilma Rousseff, 2010); Argentina (Nestor Kirchner, 2003; Cristina Kirchner, 2007); Uruguai (Tabaré Vázquez, 2004; José Mujica, 2010); Bolívia (Evo Morales, 2006); Peru (Alan García, 2006); Paraguai (Fernando Lugo, 2008); e Equador (Rafael Correa, 2009).

Além destes, considerados como representantes de uma "onda rosa" – em referência à esquerda neoliberal do Estado mínimo –, muitos outros líderes passaram a emergir no Caribe e na Mesoamérica. Além disso, regimes mais isolados, como Cuba, pouco a pouco, sentiram-se confortáveis em dialogar com essas novas lideranças e reavivar dinâmicas regionais na América Latina.

Os governos de esquerda não só chegaram ao poder, como também, em muitos casos, conseguiram se manter. Grande parte desses chefes de Estado foram considerados de centro-esquerda – por isso, tidos como "onda rosa", e não "onda vermelha" – e puderam, em alguns casos, fazer reformas sociais e manter seus partidos políticos no poder por meio da reeleição ou da eleição de candidatos voltados às mesmas causas. Podemos constatar, ainda, que muitos dos eleitos, tanto para presidente como para outros cargos do Executivo e do Legislativo, apresentaram origens sociais atípicas em relação àqueles que tradicionalmente representavam as elites econômicas dominantes. De forma ainda inicial, podemos afirmar que ocorreu uma mudança no perfil das classes políticas em diversas nações latino-americanas, tendo entre os eleitos representantes de setores operários, comunidades indígenas e clero, somando-se aos tradicionais representantes de profissões liberais típicas das elites políticas, como médicos e advogados.

Entre as características desses novos governos da "onda rosa" estaria a crítica à configuração do sistema internacional, principalmente em relação às medidas liberais impostas pelos Estados Unidos. Compartilhando desse argumento, Rafael Correa, presidente do Equador, descartou a cooperação com agências financeiras internacionais, como FMI e Bird, voltando os recursos de seu país para o investimento em bancos de fomento em nível regional. Além disso, Correa elaborou uma comissão para a auditoria da dívida pública, interna e externa, passando a contestar os altos valores pagos às instituições internacionais, alegando uma dívida odiosa, ou seja, débitos que não condizem com os gastos reais da população e que foram obtidos em governos desonestos. Bolívia e Venezuela também tomaram posturas mais incisivas diante dos interesses do capital estrangeiro, bem como de suas próprias elites econômicas nacionais, criando, em muitos casos, certa instabilidade política.

É necessário ressaltar que a emergência dos novos governos de esquerda, preocupados com causas sociais, direitos civis, formas de economia mais distributivas e interação com mercados internacionais, não representou a formação de uma ideologia unitária na América Latina. Cada governo ainda parte de pontos históricos distintos e apresenta visões diferentes sobre muitas das questões regionais, como as próprias etapas de integração regional. Não houve um movimento único e coeso, bem como não há também um processo de isolamento das nações. Ao contrário, suas aproximações podem ser vistas nos modelos econômicos políticos e nos processos de integração regional, os quais buscam superar desafios comuns e valorizar traços compartilhados para fortalecimento em um cenário internacional cada vez mais complexo em número de agentes, agendas e dinâmicas transnacionais.

(4.15)
Cepal e a economia latino-americana

A Comissão Econômica para a América Latina e o Caribe (Cepal) é uma das cinco comissões econômicas regionais da ONU, criada em 1947 e constituída em 1948, cujos objetivos seriam:

> *monitorar as políticas direcionadas à promoção do desenvolvimento econômico da região latino-americana, assessorar as ações encaminhadas para sua promoção e contribuir para reforçar as relações econômicas dos países da área, tanto entre si como com as demais nações do mundo.* (Cepal, 2015)

A Cepal surgiu num contexto internacional marcado pela bipolaridade do poder e por um processo crescente de cooperação internacional, seja na forma de organizações internacionais, seja na forma de processos de integração regional, que foram iniciados naquele momento, bem como pelo surgimento da assistência aos países em desenvolvimento por meio da adoção do tratamento preferencial para essas nações em acordos comerciais.

Durante o seu processo de criação, a Cepal enfrentou oposição de governos como o dos Estados Unidos, que defendiam o papel do Estado limitado diante do mercado para que se pudesse criar um ambiente favorável aos investimentos estrangeiros, não aceitando a tese de que nações em formação precisariam de algum tempo de proteção econômica até alcançar uma natureza autônoma para poder decidir sobre políticas econômicas de abertura e sobre o Estado mínimo.

A Cepal, ainda que passando por fases distintas de orientações econômicas, conseguiu implementar linhas de pesquisas para encontrar soluções ao desenvolvimento econômico da América Latina nos séculos XX e XXI, o que passou também a influenciar políticas econômicas em outras regiões, como na África Subsaariana, e subsidiou estudos em perspectivas pós-colonialistas críticas à Divisão Internacional do Trabalho[V], de David Ricardo. Entre as principais

---

V. *A Divisão Internacional do Trabalho se desenvolveu com base nos ensaios econômicos de David Ricardo sobre vantagens comparativas. Nos séculos XIX e XX, o termo foi interpretado como uma especialização entre as nações naquilo em que teriam maior recurso e, consequentemente, maior vantagem comparativa na competição comercial internacional. Dessa forma, as ex-colônias, por grandeza territorial e áreas férteis, deveriam manter-se como produtoras agrícolas, enquanto as antigas metrópoles desenvolveriam suas indústrias, reproduzindo uma desigualdade comercial que favoreceria os Estados industrializados.*

linhas de pensamento, existe a compreensão das limitações do desenvolvimento dos países periféricos, como os latino-americanos, que têm suas histórias marcadas por exploração, endividamento externo, dependência de capital estrangeiro e trocas desiguais entre os países no sistema internacional, originadas desse antigo modelo da Divisão Internacional do Trabalho.

As ideias de desenvolvimento da Cepal passaram por três fases ao longo do século XX. A primeira foi na sua origem, na década de 1950, com a teoria voltada pra o pensamento do economista argentino Raúl Prebisch. Ele criticava as explicações e os modelos de desenvolvimento dados pelos países já desenvolvidos aos em desenvolvimento desde décadas anteriores[VI]. Prebisch foi um dos principais e primeiros críticos às ideias de David Ricardo na América Latina, sobretudo em relação ao perigo que seria a manutenção da produção quase exclusiva de bens agrícolas, como se houvesse vantagem comparativa nas relações de trocas com os produtos industrializados das potências europeias e dos Estados Unidos. Prebisch passou a defender um modelo de substituição de importações e desenvolvimento de indústrias nacionais na região na metade do século XX. Sua tese se fundamentava na ideia de que o capitalismo produz, e continua produzindo, num processo histórico, o desenvolvimento dos países do centro e o subdesenvolvimento dos países periféricos, ou seja, a dinâmica do

---

VI. Para um conhecimento mais amplo das ideias de Raúl Prebisch, indicamos a leitura dos seguintes livros: Problemas teóricos y prácticos del crecimiento económico *(1951);* Crecimiento, desequilibrio y disparidades: interpretación del proceso de desarrollo económico *(1950); e* La cooperación internacional en la política de desarrollo latinoamericana *(1954).*

capitalismo não permite que os países periféricos desenvolvam suas forças produtivas.

A segunda fase veio na década de 1960, quando a teoria ressurgiu, agora com base em uma metodologia do materialismo histórico-dialético, criticando não só os postulados convencionais do desenvolvimento econômico, mas também os dos estudos realizados na primeira fase da teoria. Nessa nova abordagem, os teóricos argumentavam que existiriam, sim, situações concretas de dependência, mas que o desenvolvimento capitalista nos países da América Latina poderia acontecer mesmo nessas situações, trazendo um tipo de desenvolvimento que favoreceria os setores nacionais ligados ao capital internacional. Nessa perspectiva, a dependência é concebida como um resultado de relações internas e externas de classes.

Por fim, houve uma terceira tendência, que seria representada pelas tentativas de reformular as proposições originais da Cepal e de Prebisch, trazendo uma resposta aos críticos das propostas prebischianas e cepalistas, os quais, em sua maioria, aceitavam a dicotomia centro-periferia e a deterioração nos termos de troca, mas continuavam a rejeitar as soluções concebidas pela Cepal. Desse grupo de pensadores faziam parte Fernando Henrique Cardoso e o chileno Enzo Faletto, os quais acreditavam que as recomendações iniciais da Cepal não melhorariam a situação econômica da periferia, mas aprofundariam ainda mais as relações de dependência e incrementariam as desigualdades socioeconômicas e o autoritarismo político, pois, entre diversas outras situações, as nações em desenvolvimento não teriam como competir em produção de tecnologia em curto prazo.

Ademais, ao enfatizarem os obstáculos internacionais e estruturais do desenvolvimento, a Cepal e Prebisch desconheciam os obstáculos internos que cada país enfrentava e que dificultavam o progresso econômico. Isso gerou uma tendência em revisar as propostas de Prebisch, liderada por Osvaldo Sunkel e Celso Furtado. Sunkel incorporou variáveis internas em suas análises sobre o subdesenvolvimento latino-americano, e Furtado trouxe estudos históricos nacionais a respeito da formação econômica dos países da América Latina.

Ao analisarmos essas fases, o que podemos observar é que todas elas têm em comum o mesmo objeto de estudo: o desenvolvimento da sociedade em aspectos econômicos, culturais, políticos, sociológicos e históricos, buscando a melhoria da estrutura social e a diminuição das desigualdades internas dos atuais Estados latino-americanos.

Essa teoria da dependência trouxe consigo uma proposta de entender o funcionamento do sistema econômico capitalista e as relações entre a produção dos países periféricos e a dos países desenvolvidos, as quais refletiriam nas configurações políticas, econômicas e sociais dessas nações, de forma que o desenvolvimento de algumas estaria condicionado ao desenvolvimento e à expansão de outras. Para essa vertente teórica, o subdesenvolvimento e o desenvolvimento não são fases complementares de um processo evolutivo, mas distintas e contrapostas. As relações estruturais de dependência iriam além do campo das relações mercantis, estabelecendo-se também no movimento internacional de capitais, em especial na figura dos investimentos diretos estrangeiros e na dependência tecnológica.

De modo geral, o conjunto de teorias econômicas desenvolvidas com subsídios da Cepal buscou trazer um entendimento sobre a relação entre os países desenvolvidos e os países periféricos que ainda estão se desenvolvendo. Talvez a principal contribuição de tais teorias tenha sido trazer para o estudo das relações internacionais uma perspectiva latino-americana dos acontecimentos internacionais e do relacionamento entre Estados com diferentes dinâmicas econômicas e comerciais internacionais. Além disso, esses estudos tiraram o foco das questões militares e de segurança. Ao terem como respaldo aspectos como a economia política internacional, a percepção sobre recursos de poder é ampliada para a gestão econômica, que não deve ser pautada somente no livre comércio e precisa levar em consideração os processos históricos e as relações dos países em análise com as demais nações do mundo.

(4.16)
Processos de integração regional na América Latina e suas propostas futuras

Atualmente, a decisão de estabelecer processos de integração regional é motivada pela obtenção de ganhos com o livre comércio no âmbito de alcance dos países e na cooperação internacional entre eles. Na América Latina, ocorreram vários processos de integração regional, principalmente derivados de interesses políticos e econômicos. Desse modo, o que pretendemos com esta breve indicação de propostas atuais e futuras não é realizar uma análise sobre o impacto dos processos de integração regional na América Latina, mas expor, de modo geral, as principais propostas de reaproximação das nações latino-americanas e a apropriação de suas histórias e necessidades, bem como seu desenvolvimento pela criação dos blocos regionais. A Figura 4.1 demonstra de quais blocos regionais esses países fazem parte.

Figura 4.1 – Mapa dos blocos regionais na América Latina

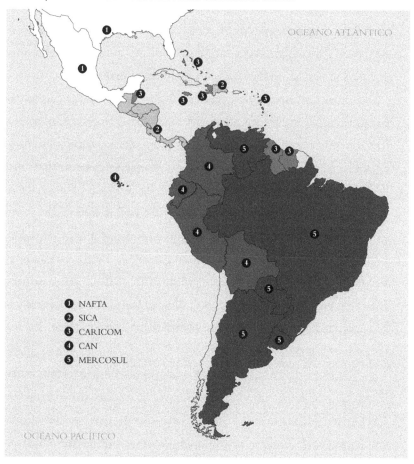

A Associação Latino-Americana de Livre Comércio (Alalc) foi a primeira iniciativa de integração concretizada. Sua criação aconteceu na década de 1960, na tentativa de estabelecer um mercado comum no continente. Inicialmente, a Alalc tinha como Estados-membros Argentina, Brasil, Chile, México, Paraguai, Peru e Uruguai. Uma das maiores dificuldades encontradas por esses membros foi a tentativa de conciliar a abertura comercial com as demandas protecionistas do modelo de substituição de importação dos anos 1930, bem como com os conflitos políticos crescentes entre os governos militares e seus ideais nacionalistas.

Apesar desses conflitos, na década de 1970, a associação se expandiu e novos membros aderiram a ela, como Bolívia, Colômbia, Equador e Venezuela. Essa expansão levou a uma nova configuração da associação, que passou a chamar-se *Associação Latino-Americana de Integração (Aladi)* e atualmente é a associação de países com o maior número de membros da América Latina, contando com 13 Estados-membros: Argentina, Bolívia, Brasil, Chile, Colômbia, Cuba, Equador, México, Panamá, Paraguai, Peru, Uruguai e Venezuela, além dos países observadores (El Salvador, Honduras, Espanha, Portugal, Guatemala, República Dominicana, Costa Rica, Nicarágua, Itália, Japão, Rússia, Romênia, China, Coreia do Sul, Ucrânia e San Marino).

No final da década de 1960, surgiu o Pacto Andino, atual Comunidade Andina de Nações (CAN). Por meio do Acordo de Cartagena, realizado em 1969 e fruto da insatisfação de alguns participantes da Alalc – que se queixavam de que os mecanismos reguladores utilizados e a falta de políticas compensatórias de perdas para os países com menos infraestrutura dificultavam seu pleno funcionamento –, a CAN conseguiu reunir as nações com antigos laços regionais, tendo como principal proposta a integração regional mediante a adoção de políticas comuns e a uniformidade econômica entre os países andinos Bolívia, Colômbia, Chile, Equador, Peru e Venezuela (o governo venezuelano aderiu ao bloco em 1974). Entretanto, o Chile permaneceu na CAN até 1977, mesmo após o golpe militar de Pinochet, ocorrido em 1973.

Uma das principais características da CAN, como bloco regional, é a sua proposta de usar a integração pra desenvolver o setor industrial de seus membros, não se limitando somente ao comércio exterior e às taxas comuns. Seguindo esse modelo, em 1973 foi instituída a Comunidade do Caribe (Caricom), por meio da ratificação do Tratado de Chaguaramas. Os membros iniciais da Caricom foram Barbados, Jamaica, Guiana e Trinidad e Tobago, tendo como objetivo geral a integração e a coordenação das políticas e dos interesses comerciais de seus membros, para que estes se desenvolvam econômica e socialmente.

Ao longo dos anos, o número de países-membros da Caricom aumentou consideravelmente, somando 15 atualmente (Caricom, 2015). O objetivo do bloco é obter, principalmente por meio da cooperação regional, o aumento da produção de bens e serviços, além de conseguir que seus produtos possam competir em nível internacional. Outro benefício objetivado pelo processo de integração regional caribenho é a melhoria na infraestrutura dos países e a atração pelo turismo. Além da Caricom, a região da América Central ainda dispõe do Sistema de Integração Centro-Americano (Sica), criado em 1991.

Nos anos 1990, no contexto pós-Consenso de Washington, surgiram novas iniciativas de integração regional de caráter econômico nas Américas. O Tratado Norte-americano de Livre Comércio (Nafta) – formado por Estados Unidos, México e Canadá – e o Mercado Comum do Sul (Mercosul) – com Argentina, Brasil, Paraguai, Uruguai e Venezuela – completam o cenário de integração regional na região. O Nafta surgiu de um acordo bilateral celebrado por Estados Unidos e Canadá em 1988, no qual havia previsão de liberalização econômica entre as partes, formalizando as relações comerciais. Em 1992, o México aderiu ao acordo, dando início ao bloco regional. A meta dos Estados-membros era inicialmente a eliminação total das barreiras alfandegárias entre os três países, facilitando, assim, o movimento de produtos e serviços entre os envolvidos, além de promover condições para uma competição justa dentro da área de livre comércio e aumentar as oportunidades de investimentos dos membros.

Cada país tinha seus próprios motivos para integrar o bloco. Os Estados Unidos objetivavam diminuir o crescente déficit comercial; o Canadá buscava um caminho para o mercado consumidor estadunidense, além de temer que o governo vizinho colocasse medidas protecionistas contra a entrada de seus produtos; e a motivação do governo mexicano em participar do Nafta foi pautada no contexto econômico e social em que o país estava, principalmente após a crise na década de 1980 e o início do processo de liberalização econômica nos anos 1990, como parte da estratégia de crescimento junto aos Estados Unidos como seu principal mercado consumidor e fornecedor de bens. Ao contrário de outros processos de integração regional, como a União Europeia (UE) e o Mercosul, o Nafta se voltou apenas para a criação de uma área de livre comércio entre seus membros, não evoluindo para a criação de uma comunidade norte-americana com objetivos políticos comuns.

Na América do Sul, a integração regional ocorreu em duas frentes: a CAN e o Merscosul, criado por meio do Tratado de Assunção, celebrado por Argentina, Brasil, Paraguai e Uruguai, em 26 de março de 1991, com o objetivo de integrar economicamente os Estados-membros. Em 2012, a Venezuela se tornou membro do bloco, que ainda conta com mais seis Estados associados. Esse bloco sul-americano tem duas características principais: o regionalismo aberto, mantendo relações comerciais com terceiros países, e a dimensão social que o bloco abrange ao longo do seu desenvolvimento.

Com o passar do tempo, o bloco regional conseguiu se desenvolver, passando de zona de livre comércio para união aduaneira imperfeita, estabelecendo: uma tarifa externa comum (TEC); o Código Aduaneiro do Mercosul; e o Programa de Consolidação da União Aduaneira, além da implementação de um Sistema de Pagamentos em Moeda Local, que já está em funcionamento no Brasil e na Argentina. Além disso, as transferências de políticas públicas podem ser observadas entre seus entes subnacionais pela Rede de Mercocidades.

Mas esse processo de integração proposto também oferece seus desafios. O *conflito das papeleiras* – como ficou conhecida uma disputa entre Argentina e Uruguai, em relação à instalação de fábricas de celulose nas margens do Rio Uruguai –, iniciado em 2005, mobilizou diversas instâncias da região. Em 26 de fevereiro de 1975, Argentina e Uruguai assinaram um estatuto regulamentando o uso e a preservação do Rio Uruguai, uma vez que ele está em território dos dois países, comprometendo-se a fiscalizar e comunicar à comissão administradora binacional a realização de quaisquer obras que pudessem ser uma ameaça à qualidade da água do rio.

Trinta anos após a assinatura do acordo, em 2005, o governo uruguaio autorizou, sem consultar o governo argentino, a instalação de duas papeleiras na cidade de Fray Bentos, onde está localizada uma das margens do Rio Uruguai. A empresa espanhola Ence S.A. e a finlandesa Oy Metsä-Botnia Ab tiveram a autorização do governo uruguaio para iniciar a construção de duas fábricas de papel e celulose, em 2003 e 2005, respectivamente. Inicialmente, ocorreram contatos diplomáticos e tentativas de acordos, mas a notícia se espalhou; a possibilidade de danos ecológicos causados pelas fábricas ficou em evidência, o que iniciou uma série de manifestações populares e ocasionou a interrupção das rotas que interligam os dois países, incluindo a ponte que liga as cidades de Flay Bentos e Gualeguaychú (Argentina).

No começo, a preocupação com a preservação ambiental aproximava as duas populações, mas, com o decorrer do tempo, parte da população uruguaia passou a defender a instalação e o funcionamento das fábricas, bem como o investimento estrangeiro e a geração de empregos que elas traziam. Cada vez mais, os conflitos entre a população dos dois países aumentavam, e foram provocadas outras obstruções ao tráfego entre trechos que ligavam os dois países. Essa situação afetou o comércio e outros setores que dependiam do turismo, agravando o desemprego na região. O caso não conseguiu ser resolvido de forma bilateral entre os envolvidos, levando o governo uruguaio a denunciar a obstrução à livre circulação de mercadorias – como violação do Tratado de Assunção de 1991 – aos países-membros do Mercosul, solicitando, em 2006, a instalação de um tribunal *ad hoc* para solução de controvérsias.

Nesse mesmo ano, o governo argentino acionou o Uruguai perante a Corte Internacional de Justiça (CIJ), sob a alegação de violação das obrigações previstas no Estatuto do Rio Uruguai. As queixas uruguaias foram rejeitadas, e a CIJ emitiu a decisão final em 20 de abril de 2010, determinando que o Uruguai havia violado as obrigações do Estatuto do Rio Uruguai. No entanto, a CIJ também afirmou que, embora o governo argentino fosse capaz de comprovar a elevação no nível de poluição do Rio Uruguai, não era capaz de provar que esse ocorrido estava associado diretamente às fábricas de celulose instaladas na margem uruguaia do rio, considerando, assim, que o Uruguai não tinha violado as suas obrigações em preservar e evitar a poluição do rio; porém, recomendou um monitoramento conjunto entre as partes para avaliar os impactos ambientais no rio.

Em relação ao tribunal *ad hoc* instaurado no âmbito do Mercosul, sua decisão foi a de acolher, parcialmente, a queixa do Uruguai, declarando que a Argentina havia agido de forma incompatível com o compromisso firmado no Tratado de Assunção, no sentido de garantir a livre circulação de bens e serviços entre os territórios dos Estados-membros do bloco. Entretanto, o governo argentino não cumpriu o laudo emitido pelo tribunal e continuou com os bloqueios, abrindo espaço para que o Uruguai pudesse adotar medidas unilaterais contra a Argentina, como suspender concessões e outras obrigações com o objetivo de forçar o cumprimento do laudo. No entanto, o governo uruguaio optou por não adotar tais medidas, considerando que só causariam mais danos econômicos ao país.

Em outra frente de integração regional está a União das Nações Sul-Americanas (Unasul), formada pelos 12 países que compõem a América do Sul, com o objetivo de integrar os Estados-membros, sobretudo na área política, além de promover iniciativas comuns nas áreas de economia, sociedade e infraestrutura. Esse bloco foi criado por meio do tratado constitutivo aprovado durante a Reunião Extraordinária do Conselho de Chefes de Estado e Governo, realizada em Brasília, em 23 de maio de 2008.

Além dos blocos apresentados, existiu ainda a tentativa de construir um bloco que englobasse todo o continente americano, conhecido como *Área de Livre Comércio das Américas (Alca)*. Em 1994, o governo dos Estados Unidos propôs, durante a Cúpula das Américas[VII], a criação da Alca, objetivando eliminar as barreiras alfandegárias entre 34 países americanos, com exceção de Cuba. Para que esse bloco regional funcionasse, seria necessário suprimir as barreiras ao comércio entre os membros, além de estabelecer isenção de tarifas alfandegárias para vários itens comercializados entre os associados, sendo que a abertura total deveria ocorrer até o ano de 2005. No entanto, o projeto não pôde ser concretizado, especialmente, pela existência do problema de disparidade entre as economias dos países-membros e pela falta de infraestrutura na maioria dos países, dificultando o comércio exterior. Além disso, os países não seriam beneficiados da mesma forma e assumiriam

---

VII. *Reunião de cúpula entre os chefes de Estado dos países do continente americano, organizada pela OEA, a fim de promover a cooperação internacional.*

riscos muito grandes para suas economias, que estariam vulneráveis à fuga de capital e à quebra das indústrias nacionais.

Os processos de integração regional se mostram um caminho presente na América Latina, que busca, mais do que em qualquer momento de sua história, cooperar e se unir em defesa dos interesses comuns de suas populações. Mantendo-se como política internacional, os processos de integração regional se tornaram uma grande plataforma para o fortalecimento e a exposição da América Latina em um mundo globalizado. Por mais que existam conflitos, choques de interesses e desafios comuns, o desenvolvimento de seus processos na região denota certo grau de amadurecimento, conquistado pelo crescimento histórico da política como resultado de uma interação que é cada vez mais honesta e direta entre as populações e seus representantes.

Estudo de caso

Dados os processos de integração regional na América Latina por diversos blocos econômicos, podemos identificar como caso a ser estudado uma tentativa de encontrar alternativas de desenvolvimento diante dos atuais fluxos financeiros e políticos internacionais. Desde a consolidação da Comissão Econômica para a América Latina e o Caribe (Cepal), buscam-se na América Latina meios de desenvolvimento que minimizem dependências e impactos negativos diante das dinâmicas produzidas por economias mais desenvolvidas fora do continente. Modelos específicos para a região priorizaram um equilíbrio entre Estado de bem-estar social e livre mercado. Ao final do século XX, a implementação das orientações do Consenso de Washington e o neoliberalismo econômico trouxeram diversos novos desafios.

A organização em blocos de integração regional, como o Mercado Comum do Sul (Mercosul), a Comunidade Andina de Nações (CAN) e a Comunidade do Caribe (Caricom), possibilitou uma estratégia política de sobrevivência econômica em face de um mundo cada vez mais competitivo e integrado. Os blocos de integração regional nem sempre alcançaram o esperado, mas possibilitaram diálogos e avanços na cooperação entre diversas nações envolvidas. Assim, ao final do século XX, pudemos ver um aumento nos diálogos entre as nações latino-americanas, que, pela primeira vez na história, construíram pontes para tornar possível pensar em estratégias comuns diante do mundo e de seus cenários. Para além da economia e da política, a América Latina iniciou um momento em que suas nações, em maior ou menor grau, passaram a se esforçar para compartilhar metas de desenvolvimento e inserção internacional.

Ainda que falhas e desafios persistam na Cepal, na Organização dos Estados Americanos (OEA) e nos diversos blocos de integração regional, avanços também foram feitos. O simples fato de terem sido ampliados os espaços para debates e relações entre as nações da região já é uma conquista dos povos latino-americanos. As transferências de políticas públicas organizadas no seio dessas instituições, como na Rede de Mercocidades, a busca pela solução de controvérsias e a manutenção de regimes democráticos demonstram um passo importante no amadurecimento político da América Latina no cenário contemporâneo.

Ana Paula Lopes Ferreira e Leonardo Mercher

Síntese

Nesta última parte, buscamos expor os processos internos e as variáveis externas que interferiram na história recente da América Latina. De forma comparada, essa história apresenta um conjunto de dinâmicas semelhantes, como o processo de reformas políticas, regimes centralizadores e militares, bem como processos de redemocratização e a busca pelo desenvolvimento econômico. Seguindo as diretrizes neoliberais do Consenso de Washington e, em alguns momentos, as orientações da Cepal, a economia se tornou um grande desafio para muitas das nações latino-americanas. Além dos desafios internos diante do cenário internacional, os processos de integração regional também exigiram dessas nações avanços nos diálogos e superações de rivalidades locais, para a criação de novos blocos políticos e comerciais que pudessem fazer frente às atuais dinâmicas econômicas internacionais.

Fazendo uma análise sobre revoluções como as acontecidas no México, em Cuba e na Nicarágua, países cujas estruturas políticas se mostraram incapazes de atender às principais demandas internas de suas nações, bem como sobre as crises de governos populistas e reformistas nas nações, podemos compreender como o cenário político atual da América Latina ainda está em busca de uma consolidação. Por mais que os processos de independência tenham ocorrido no século XIX, a coerência dos grupos políticos e das demais elites nacionais se mostrou como o grande desafio da América Latina no século XX. Agravadas pelo cenário internacional bipolar da Guerra Fria, muitas instabilidades foram provocadas por conflitos de interesses entre agentes internacionais, como os Estados Unidos da América em sua política de contenção à União Soviética e sua zona de influência.

Desentendimentos como a invasão da Baía dos Porcos e a Crise dos Mísseis entre Estados Unidos e Cuba, bem como as intervenções estadunidenses no Panamá e em cooperação com a Colômbia, trouxeram novos desafios à segurança regional no século XX, por exemplo, os grandes fluxos transnacionais que fogem do controle dos Estados, como o narcotráfico. As ideologias que, de alguma forma, mostravam-se opositoras às dos Estados Unidos e reformistas em suas respectivas nações sofreram uma dura perseguição dos regimes aliados ao governo norte-americano. A Operação Condor, na América do Sul, que facilitava a cooperação na troca de informações sobre agentes opositores aos regimes militares na região, mostrou como a América Latina ainda sofria com interferências externas. Mais recentemente, os casos suspeitos de espionagem empresarial no Brasil, sustentados pelo governo estadunidense, também perpetuam críticas regionais ao vizinho do Norte.

A "onda rosa" que emergiu em parte da América Latina, como uma esquerda menos radical após os processos de democratização nos anos 1990, trouxe consigo um diálogo mais crítico em face do alinhamento com potências estrangeiras e uma reaproximação maior entre as nações latino-americanas. Cuba, que por muito tempo se manteve isolada no continente, passou a fortalecer diálogos com as nações cujos chefes de Estado eram identificados como da "onda rosa", como Brasil e Venezuela. Os Estados Unidos também voltaram atrás, em 2014, e proclamaram o fim do bloqueio comercial com a ilha caribenha.

Nesse processo, os países da América Latina se mostram cada vez mais próximos, tanto por terem passado por processos políticos históricos semelhantes como por almejarem maior interação e cooperação por meio dos atuais blocos de integração regional. Do Nafta, na América do Norte, do qual o México se tornou membro, até a Unasul, na América do Sul, os caminhos futuros apontam para um diálogo de compreensão, ganhos e novas possibilidades, superando rivalidades que por muito tempo marcaram as relações na região.

Questões para revisão

1) O início do primeiro período de governo militar argentino, que ocorreu entre os anos de 1966 e 1973, começou com o golpe de Estado que derrubou o Presidente Arturo Illia, em 28 de junho de 1966. Discorra sobre as principais características dos governos militares argentinos.

2) *Populismo* é um termo utilizado para fazer referência a um modelo político fundamentado em práticas em que é estabelecida uma relação direta entre as massas e a figura do líder. O termo é usado, no contexto latino-americano, para expressar o fenômeno da emergência das classes populares na vida política. Comente sobre as características do populismo no Brasil.

3) Sobre a Revolução Sandinista na Nicarágua, marque a alternativa correta:

   a) A Revolução Sandinista teve início ainda na década de 1920, quando Sandino liderou uma rebelião contra os colonizadores espanhóis.
   b) O governo estadunidense se posicionou contra o governo ditatorial da Nicarágua por considerá-lo comunista.
   c) A Frente Sandinista de Libertação Nacional da Nicarágua (FSLN) era um grupo contra o governo ditatorial que defendia a luta armada contra a exploração do povo nicaraguense e do imperialismo dos Estados Unidos na região.
   d) Todas as alternativas estão corretas.
   e) Nenhuma alternativa está correta.

4) Sobre os governos militares nos países da América do Sul, é correto afirmar:

   a) No Chile, assim como no Brasil, o retorno à democracia teve como um dos primeiros atos a promulgação da Lei Orgânica Constitucional dos Partidos Políticos, permitindo a criação de partidos políticos.
   b) No Brasil, as casas legislativas (Câmara dos Deputados e Senado) foram fechadas e substituídas pelo Conselho da Nação, um órgão executivo constituído por civis e militares que tivessem alguma relevância nacional, não precisando ser escolhidos por voto popular.
   c) A Guerra das Malvinas ajudou no fortalecimento do primeiro regime militar argentino.
   d) Todas as alternativas estão corretas.
   e) Nenhuma alternativa está correta.

5) Sobre a hegemonia dos Estados Unidos na América Latina, é correto afirmar:

a) A Operação Condor tinha como objetivo coordenar a repressão aos opositores dos regimes militares nos países da América Latina, que se mantinham aliados aos Estados Unidos por meio do uso da força e da suspensão dos direitos civis.

b) Ao intervir no Panamá, durante o governo de Noriega, o governo dos Estados Unidos se justificou alegando que estava protegendo a vida de cidadãos estadunidenses que se encontravam em território panamenho, uma vez que parte da população do Panamá era constituída de estadunidenses. Essa ação teria sido condenada tanto pela Organização das Nações Unidas (ONU) como pela Organização dos Estados Americanos (OEA).

c) O Plano Colômbia, criado pelo governo dos Estados Unidos em 2000, tinha como objetivo combater a produção e o tráfico de drogas na Colômbia, além de acabar com as guerrilhas de esquerda das Forças Armadas Revolucionárias da Colômbia (Farc).

d) Todas as alternativas estão corretas.

e) Nenhuma alternativa está correta.

Questões para reflexão

1) A Revolução Mexicana (1910-1920) foi a primeira revolução social da América Latina, no século XX. Esse conflito foi marcado pela participação de setores populares urbanos e rurais

que reivindicavam a reforma agrária, a devolução de terras indígenas aos índios e as garantias trabalhistas no início do século passado. Caracterize a Revolução Mexicana com base no que leu neste capítulo.

2) Como surgiu a proposta da atual Comunidade Andina de Nações (CAN)?

3) Explique os principais pontos defendidos pela teoria da dependência, criada, em parte, como reflexo dos estudos da Comissão Econômica para a América Latina e o Caribe (Cepal).

> PARA SABER MAIS
>
> REVOLUÇÕES DO SÉCULO 20. São Paulo: Ed. da Unesp, 2000-2014.
>
> A América Latina foi palco de várias revoluções ao longo dos séculos XIX e XX, que apresentaram características próprias em cada país. Nesse aspecto, essa coleção consegue atender à necessidade de se compreender a história política dos países e suas especificidades, não se restringindo aos países latino-americanos, mas abrangendo também vários acontecimentos da história mundial. A coleção é formada por 19 volumes, sendo que 10 deles são dedicados às revoluções ocorridas em países da América Latina. Cada um dos volumes dessa coleção se volta à reflexão acerca de uma revolução, trazendo uma perspectiva mais detalhada sobre os acontecimentos que marcaram cada uma.

PARA CONCLUIR...

Neste livro, apresentamos, de forma breve, a história da política da América Latina, iniciando com os povos pré-colombianos e passando pelos processos de conquista e colonização de seus territórios pelas potências europeias, bem como pelo surgimento de novas nações em busca de sua consolidação no continente. A história da política comparada da região é elemento fundamental para a compreensão dos estudos políticos internos e externos de qualquer Estado-nação latino-americano. Assim, buscamos proporcionar uma base para que, por meio dos dados e descrições aqui apresentados, o leitor possa avançar em seus estudos diante de novos desafios de pesquisa e pensamento crítico.

Pela complexidade da região, muitos povos e eventos ficaram de fora. Nesta obra, optamos por trazer uma linha narrativa que privilegiasse momentos que influenciaram as principais dinâmicas políticas nacionais e internacionais da América Latina. Fizemos um apanhado de cinco séculos: examinamos o desdobramento dos interesses e movimentos políticos atuantes na América Latina, desde os cabildos e a construção das elites econômicas e políticas nas colônias até as Guerras Napoleônicas, que forçaram, juntamente com intervenções de outras potências estrangeiras, os processos de independência das nações latino-americanas, recortando o mapa das Américas e configurando uma pluralidade com diversas novas possibilidades a serem perseguidas.

Tratamos, também, dos processos de consolidação dos regimes políticos internos em governos mais centralizadores, liberais, populistas, democratas e autoritários, mostrando como estes se intercalaram na liderança de suas nações. Assim, estudamos como, por conta de resultados de processos internos, o cenário internacional também se configurou como uma importante variável de interferência na elaboração das políticas públicas e diplomáticas. Observando os diversos processos históricos que cada nação viveu, percebemos que se procurou sanar praticamente todos os conflitos entre os povos das Américas, mantendo-se a paz e um maior nível de cooperação na atualidade. Podemos afirmar, que, por meio do compartilhamento de modelos econômicos para um desenvolvimento comum, os Estados da Mesoamérica, do Caribe e da América do Sul tentam hoje uma aproximação planejada, utilizando-se de blocos de integração regional que não mais se limitam apenas a questões econômicas, como a União das Nações Sul-Americanas (Unasul).

Ainda que potências estrangeiras interfiram no caminho das nações latino-americanas, é possível perceber que estas demonstram uma autonomia crescente. Se antes potências europeias e, posteriormente, os Estados Unidos conseguiam interferir sem se preocupar com os impactos sociais que seus interesses acarretavam para essas nações, hoje a América Latina se mostra mais forte e resistente às investidas de projetos que não favoreceriam sua qualidade de vida.

As preocupações mudaram ao longo dos séculos, e cada governo perseguiu seus próprios objetivos. O período do personalismo está cada vez mais distante, e os regimes da nova esquerda social buscam defender uma democracia que respeite as pluralidades e as minorias de direitos.

A América Latina aponta para um futuro compartilhado, de resgate de símbolos, tradições e respeito mútuo. As crises políticas, que tanto causaram instabilidades na região, hoje se mostram cada vez menores e distantes. Os riscos estarão sempre presentes, mas cabe às comunidades desses mesmos Estados manter o autoritarismo, a corrupção e a censura longe da realidade regional. A responsabilidade sobre os caminhos futuros latino-americanos não está mais apenas nas mãos de seus líderes ou heróis, mas nas mãos de cada um dos povos que contribuem para o fortalecimento da atual região denominada *América Latina*.

REFERÊNCIAS

ALESSI, M. L. B. **A migração de haitianos para o Brasil**. Disponível em: <http://www.humanas.ufpr.br/portal/conjunturaglobal/files/2013/04/A-Migra%C3%A7%C3%A3o-de-Haitianos-para-o-Brasil.pdf>. Acesso em: 11 fev. 2015.

ALIMONDA, H. **A Revolução Mexicana**. São Paulo: Ática, 1998.

ANDRADE, E. O. Bolívia, 1964 – os militares também golpeiam. **Projeto História**, São Paulo, n. 31, p. 131-146, dez. 2005.

ANZOLA, L. S. O Plano Colômbia e a economia política da guerra. **Política Externa**, São Paulo, v. 9, n. 3, dez./jan. 2000/2001.

ARCE, O. D. de. El Paraguay contemporâneo (1925-1975). In: CASANOVA, P. G. **América Latina**: história de médio siglo. México: Siglo XXI, 1977. p. 327-378. v. 1.

ARDILLA, M. La política exterior de Colombia hacia sus vecinos. Evolución, mecanismos y retos. In: ARDILLA, M.; CARDONA, D.; TICNER, A. (Ed.). **Prioridades e desafios de la política exterior colombiana**. Bogota: F. Ebert, 2002.

BARBOSA, C. A. S. **A Revolução Mexicana**. São Paulo: Ed. da Unesp, 2010.

BELTRÁN, C. A.; DURÁN, A. M. Prioridades del nuevo orden mundial y desplazamiento forzado de colombianos hacia Ecuador. **Cadernos Prolam/USP**, São Paulo, v. 1, ano 3, 2004.

BERNARDES, D. **Um império entre repúblicas**: Brasil século XIX. São Paulo: Global, 1997.

BONILLA, A. Percepciones de la amenaza de seguridad nacional de los países andinos: regionalización del conflicto colombiano y narcotráfico. In: GÓMEZ, J. M. (Comp.). **América Latina y el (des)orden global neoliberal**: hegemonía, contrahegemonía, perspectivas. Buenos Aires: Clacso, 2004.

_____. Vulnerabilidad internacional y fragilidad doméstica: la crisis andina en perspectiva regional. **Nueva Sociedad**, Caracas, n. 51, mayo/jun. 2001. Disponível em: <http://www.fes-seguridadregional.org/images/stories/docs/3741-001_g.pdf>. Acesso em: 17 fev. 2015.

BORNSTEIN, C. T. **A reforma agrária na Nicarágua**. São Paulo: Brasiliense, 1982.

BUENO, E. **Brasil**: uma história. 2. ed. São Paulo: Ática, 2003.

BUSTOS, R. B.; MEDINA, R. A.; LOZA, M. A. B. **Revolução Mexicana**: antecedentes, desenvolvimento e consequências. São Paulo: Expressão Popular, 2008.

BVAL – Biblioteca Virtual da América Latina. **Sobre a América Latina**. Disponível em: <http://www.bvmemorial.com.fapesp.br/php/level.php?lang=ptEcomponent=198item=3>. Acesso em: 7 de abr. 2015.

CAPORASO, J.; ZARE, B. An Interpretation and Evaluation of Dependence Theory. In: MUNÕZ, H. **From Dependency to Development**: Strategies to Overcome Underdevelopment and Inequality. Boulder, CO: Westview Press, 1981.

CARDOSO, F. H.; FALETTO, E. Repensando dependência e desenvolvimento na América Latina. In: CARDOSO, F. H. **Economia e movimentos sociais na América Latina**. São Paulo: Brasiliense, 1985. Disponível em: <http://books.scielo.org/id/rjfv9/pdf/sorj-9788599662595-02.pdf>. Acesso em: 11 fev. 2015.

CARICOM – Caribbean Community Secretariat. Disponível em: <http://www.caricom.org>. Acesso em: 16 jan. 2015.

CARVALHO, J. M. de. Mandonismo, coronelismo, clientelismo: uma discussão conceitual. **Dados**, Rio de Janeiro, v. 40, n. 2, p. 229-250, 1997. Disponível em: <http://www.scielo.br/scielo.php?script=sci_arttext&pid=S0011-52581997000200003&lng=en&nrm=iso>. Acesso em: 18 fev. 2015.

CAVIEDES, C. N. Conflict Over the Falkland Islands: A Never-Ending Story? **Latin American Research Review**, Austin, v. 29, n. 2, p. 172-187, 1994.

CEPAL – Comissão Econômica para a América Latina e o Caribe. **O que é Cepal**. Disponível em: <http://www.cepal.org/cgi-bin/getProd.asp?xml=/brasil/noticias/paginas/2/5562/p5562.xml&xsl=/brasil/tpl/p18f.xsl&base=/brasil/tpl/top-bottom.xsl>. Acesso em: 11 fev. 2015.

CHASTEEN, J. C. **América Latina**: uma história de sangue e fogo. Rio de Janeiro: Campus, 2001.

CHIAVENATO, J. J. **Genocídio americano**: a Guerra do Paraguai. São Paulo: Brasiliense, 1979.

CHISHOLM, H. Lima. In: **The Encyclopaedia Britannica**: a Dictionary of Arts, Sciences, Literature and General Information. Cambridge, England: University Press, 1911. v. XIX.

CODATO, A. Uma história política da transição brasileira: da ditadura militar à democracia. **Revista de Sociologia Política**, Curitiba, n. 25, p. 83-106, nov. 2005.

COGGIOLA, O. (Org.). **Revolução Cubana**: história e problemas atuais. São Paulo: Xamã, 1998.

COMBLI, J. **A ideologia de segurança nacional**: o poder militar na América Latina. Rio de Janeiro: Civilização Brasileira, 1978.

COUTINHO, M. **Crises institucionais e mudanças políticas na América do Sul**. Rio de Janeiro. Tese (Doutorado em Ciência Política) – Instituto Universitário de Pesquisas do Rio de Janeiro, Rio de Janeiro, 2005.

_____. Democracias andinas: chegando tarde à festa? In: ENCONTRO DA ASSOCIAÇÃO BRASILEIRA DE CIÊNCIA POLÍTICA (ABCP), 5., 2006, Belo Horizonte. **Anais**... Belo Horizonte, 2006. p. 795-832. Disponível em: <http://www.scielo.br/pdf/dados/v49n4/05.pdf>. Acesso em: 11 fev. 2015.

COVARRUBIAS, M. **Olmec Art or the Art of La Venta**. Palo Alto, CA: Peek Publications, 1977.

COLUSSI, E L. **Estado Novo e municipalismo gaúcho**. Passo Fundo: Ediupf, 1996.

D'ALTROY, T. **The Incas**. Victoria: Blackwell, 2003.

DINGES, J. **Os anos do Condor**: uma década de terrorismo internacional no Cone Sul. São Paulo: Cia. das Letras, 2005.

DORATIOTO, F. **Maldita guerra**: nova história da Guerra do Paraguai. São Paulo: Cia. das Letras, 2002.

ESPITIA, P. A. **Historia de Colombia**. Bogotá: Mundo Cultural, 2004.

FALCOFF, M. Communism in Central America and the Caribbean. In: WIARDA, H. **The Communist Challenge in the Caribbean and Central America**. Washington, D.C.: American Enterprise Institute for Public Policy Research, 1987.

FAORO, R. **Os donos do poder**: formação do patronato político brasileiro. 5. ed. Porto Alegre: Globo, 1959. v. 2.

FARIAS, F. P. Clientelismo e democracia capitalista: elementos para uma abordagem alternativa. **Revista de Sociologia e Política**, Curitiba, n. 15, p. 49-66, nov. 2000.

FERNANDES, A. S. As ações da polícia política durante a ditadura contra exilados brasileiros no Uruguai: o caso do Departamento de Ordem Política e Social do Rio Grande do Sul. **Revista Estudos Legislativos**, n. 3, 2009. Disponível em: <http://submissoes.al.rs.gov.br/index.php/estudos_legislativos/article/view/16/29>. Acesso em: 11 fev. 2015.

FERNANDES, F. **Circuito fechado**: quatro ensaios sobre o "poder institucional". 2. ed. São Paulo: Hucitec, 1977. p. 105.

FERRER, A. **A economia argentina**: de suas origens ao início do século XXI. Rio de Janeiro: Campus, 2006.

FURTADO, C. **Desarrollo y subdesarrollo**. Buenos Aires: Eudeba, 1964.

GALEANO, E. **Open Veins of Latin America**: Five Centuries of the Pillage of a Continent. New York: Monthly Review Press, 1973. Disponível em: <http://www.e-reading.link/bookreader.php/149187/Open_Veins_of_Latin_America.pdf>. Acesso em: 11 fev. 2015.

GARCIA LUPO, R. **Mercenarios y monopolios en la Argentina**: de Onganía a Lanusse. Buenos Aires: Achával Solo, 1971.

GILL, H. Caricom: origen, objetivos y perspectivas de integración en el Caribe. **Revista Integración Latinoamericana**, v. 18, n. 191, p. 37-44, jul. 1993.

GRANGER, S. **La Guyane, une terre européenne en Amérique du Sud**. Disponível em: <http://archives-fig-st-die.cndp.fr/actes/actes_2006/granger/article.htm>. Acesso em: 11 fev. 2015.

HOBSBAWM, E. J. **A Era dos Extremos**: o breve século XX. São Paulo: Cia. das Letras, 1995.

HUGHES, M. Logistics and Chaco War: Bolivia versus Paraguay, 1932-35. **The Journal of Military History**, v. 69, n. 2, p. 411-437, Apr. 2005. Disponível em: <http://bura.brunel.ac.uk/bitstream/2438/1251/3/Chaco+War+-+revised+version+1.pdf>. Acesso em: 11 fev. 2015.

IANNI, O. **A formação do Estado populista na América Latina**. Rio de Janeiro: Civilização Brasileira, 1991.

JIMENEZ, A. G. **Stroessner**: un modelo republicano y democrático de gobierno. Asunción: Che Retá, 1987.

LEAL, V. N. **Coronelismo, enxada e voto**: o município e o regime representativo no Brasil. São Paulo: Cia. das Letras, 2012.

LOVE, J. L. Political Participation in Brazil: 1881-1969. **Luso-Brazilian Review**, v. 7, n. 2, p. 3-24, Dec. 1970.

LUNA, F. **Breve história dos argentinos**. Rio de Janeiro: Quartet, 1995.

MAGNOLI, D. **O corpo da pátria**: imaginação geográfica e política externa no Brasil (1808-1912). São Paulo: Moderna, 1997.

MAREGA, M. **A Nicarágua sandinista**. 2. ed. São Paulo: Brasiliense, 1982. (Coleção Tudo é História).

MARIANO, N. **As garras do Condor**. São Paulo: Vozes, 2003.

MELIÁ, B. **El guaraní**: experiência religiosa. Assunção: Ceaduc/Cepag, 1991.

MENDES JUNIOR, A.; MARANHÃO, R. **República Velha**. São Paulo: Brasiliense, 1983. (Coleção Brasil História – Texto e Consulta).

MENEZES, A. **A herança de Stroessner**: Brasil-Paraguai (1955-1980). São Paulo: Papirus, 1987.

MIRANDA, A. **Partidos políticos y autoritarismo em Paraguay**. Asunción: El Lector, 1988.

MORAES, C. **Paraguai**: a consolidação da ditadura de Stroessner (1954-63). Porto Alegre: EDIPUCRS, 2000. (Coleção História 34).

MÜCKE, U.; ANDRUSZ, K. **Political Culture in Nineteenth-century Peru**: the Rise of Partido Civil. Pittsburgh: University of Pittsburgh Press, 2004.

MUÑOZ, J. R. **The Guerra Grande**: The War of the Triple Alliance (1865-1870). Bakersfield: Strategy & Tactics, 1998.

MUSEU HISTÓRICO NACIONAL. **Sessão do Conselho de Estado**. Disponível em: <http://www.museuhistoriconacional.com.br/images/galeria26/mh-g26a015.htm>. Acesso em: 12 fev. 2015.

NEGRÃO, J. J. **Para conhecer o neoliberalismo**. São Paulo: Publisher Brasil, 1998.

PAINTED Metaphors: Pottery and Politics of the Ancient Maya. **Almanac**: Journal of Record, Opinion and News for the University of Pennyslvania, v. 55, n. 28, Apr. 2009. Disponível em: <http://www.upenn.edu/almanac/volumes/v55/n28/maya.html>. Acesso em: 11 fev. 2015.

PAREDES, R. **Stroessner y el stronismo**. Asunción: Servilibro, 2004.

PECEQUILO, C. **Introdução às relações internacionais**. Petrópolis: Vozes, 2004.

PEREIRA, O. **Diálogos monárquicos**. Rio de Janeiro: IDII, 2007.

PERISSINOTTO, R. M. **Classes dominantes e hegemonia na República Velha**. Campinas: Ed. da Unicamp, 1994.

POMER, L. **La Guerra del Paraguay**: Gran Negocio!. Buenos Aires: Calden, 1968.

PORTOCARRERO, A. B. Breve estudo sobre a história contemporânea da Nicarágua. In: CASANOVA, P. G. (Org.). **América Latina**: história de meio século. Brasília: Ed. da UnB, 1990. (Coleção Pensamento Latino-Americano e Caribenho).

PRADO, M. L. **A formação das nações latino-americanas**. São Paulo: Atual, 1987.

_____. **O populismo na América Latina**. São Paulo: Brasiliense, 1981.

RIPPY, E. **British Investments in Latin America**: 1822-1949. Minneapolis: University of Minnesota Press, 1959.

RODRIGUES, T. **Portugal nos séculos XVI e XVII**: vicissitudes da dinâmica demográfica. Porto: Universidade do Porto; Fundação Eng. António de Almeida, 2004. (Centro de Estudos da População, Economia e Sociedade/População e Prospectiva).

RUIZ, J. B. **Raúl Prebisch e a contribuição latino-americana para a teoria das relações internacionais**. Disponível em: <https://www.academia.edu/3829965/Raul_Prebisch_e_a_contribuicao_latino-americana_para_a_teoria_das_relacoes_internacionais>. Acesso em: 11 fev. 2015.

SELSER, G. **Sandino**: general de homens livres. São Paulo: Global, 1979. (Coleção Nossa América Latina).

SHUMWAY, N. **A invenção da Argentina**: história de uma ideia. São Paulo: Edusp; Ed. da UnB, 2008.

SILVA, C. A. B. Região do Essequibo: atualidade de uma reivindicação territorial venezuelana. **Ambiente: Gestão e Desenvolvimento**, Boa Vista, v. 1, n. 1, p. 9-18, 2006.

SOMERVILL, B. **Francisco Pizarro**: Conqueror of the Incas. Minneapolis: Compass Point Books, 2005.

TRIGO, A. R. Caricom-Mercosur: los beneficios de una mayor integración. **Capítulos del Sela**, n. 49, p. 173-177, jan./mar. 1997.

TURNER, J. K. **México bárbaro**. 4. ed. México: Mexicanos Unidos, 1984.

VALIENTE, M. S. El Salvador: crise, ditadura, luta (1920-1980). In: CASANOVA, P. G. (Org.). **América Latina**: história de meio século. Brasília: Ed. da UnB, 1990. p. 117-157. (Coleção Pensamento Latino--Americano e Caribenho).

_____. El Salvador: os últimos anos. In: CASANOVA, P. G. (Org.). **América Latina**: história de meio século. Brasília: Ed. da UnB, 1990. p. 159-177. (Coleção Pensamento Latino-Americano e Caribenho).

_____. Nicarágua: últimos anos. CASANOVA, P. G. (Org.). **América Latina**: história de meio século. Brasília: Ed. da UnB, 1990. (Coleção Pensamento Latino-Americano e Caribenho).

VISENTINI, P. F. **Guiana e Suriname**: uma outra América do Sul. Disponível em: <http://www6.ufrgs.br/nerint/folder/artigos/artigo2.pdf>. Acesso em: 11 fev. 2015.

WOMACK JUNIOR, J. **Zapata y la Revolución Mexicana**. 15. ed. México: Século XXI, 1987.

ZIMMERMANN, M. **A Revolução Nicaraguense**. São Paulo: Ed. da Unesp, 2004. (Coleção Revoluções do Século XX).

RESPOSTAS

Capítulo 1

Questões para revisão

1. Os zapotecas eram um dos povos mais desenvolvidos, responsáveis pela popularização da escrita ampliada e do comércio. A sua organização social possibilitou o surgimento de elites locais e o desenvolvimento de políticas fiscais de impostos aos seus cidadãos, o que resultou na diversidade de funções e subdivisões sociais.

2. Os maias, assim como os astecas, influenciaram a maioria dos povos da Mesoamérica. Enquanto os maias permaneceram centrados em sua região, dialogando com diversos povos por vias comerciais, os astecas se mostraram expansionistas, o que resultou em boa parte dos choques de valores e posturas políticas ocorridos após o início do processo de colonização espanhola na região. Se os maias já haviam entrado em processo de declínio mesmo antes da chegada dos espanhóis, os astecas gozavam de poder e espalhavam sua cultura por boa parte da Mesoamérica.

3. c
4. e
5. a

Questões para reflexão
1. A civilização inca, mais complexa politicamente, desenvolveu-se na região da Cordilheira dos Andes – os povos dos planaltos e planícies do continente disputavam territórios e caracterizavam-se por serem nômades e seminômades. A grande densidade da Floresta Amazônica encobria a fragmentação de diversos grupos étnicos, que se desenvolveram com contatos moderados entre si. Já no interior do continente, os planaltos eram redutos de conflitos entre os povos expulsos do litoral atlântico – os grupos jês – pelos tupis e nativos que ali já se encontravam, como os guaranis, que buscavam defender seus territórios. Para além da civilização inca, a maioria dos povos sul-americanos não dominava a escrita nem construiu grandes obras arquitetônicas que pudessem registrar narrativas visuais de sua cosmologia e de suas estruturas políticas. Muitos de seus registros permaneceram nas artes decorativas, na cultura oral ou nos registros dos colonizadores europeus que buscaram sua compreensão.

2. No seu auge, a civilização maia era uma das mais densamente povoadas e culturalmente dinâmicas sociedades do mundo, influenciando as relações políticas, econômicas e sociais da região. Os maias relacionavam-se, sobretudo, em sua origem, com os toltecas. Posteriormente, em seu auge, mantiveram relações com os zapotecas, absorvendo seus costumes ao mesmo tempo que os influenciavam. Em suas contribuições aos povos de sua zona de influência, os maias destacavam-se em função da língua escrita, da arquitetura, de diversas técnicas artísticas, da matemática e de seus sistemas astronômicos, que facilitavam o cultivo e a exploração de recursos naturais. Ainda que a escrita e o calendário não tenham sido invenções maias na região, foi essa civilização que os aprimorou e expandiu seu uso entre os povos com os quais mantinha relações comerciais

3. Diferentemente do que ocorreu com a Mesoamérica e com o Caribe, os europeus tiveram maior dificuldade para adentrar o interior do continente, sobretudo pela dimensão territorial e por suas barreiras naturais – a Cordilheira dos Andes, a Floresta Amazônica e os grandes desertos do Atacama e da Patagônia. Assim, os mares e os rios se tornaram os caminhos primários à exploração, que colocavam barreiras físicas às embarcações de alto-mar. Com isso,

uma pequena diferença de tempo surgiu entre a exploração das civilizações da Mesoamérica e a exercida sobre as da América do Sul. Mesmo assim, espanhóis e portugueses conseguiram adentrar o continente e superar muitas dessas barreiras naturais, confrontando-se com os povos nativos e reproduzindo divisões artificiais de territórios, ignorando identidades nativas locais.

4. Os jês se encontravam principalmente no interior do Brasil, uma vez que os tupis ocupavam praticamente todo o litoral atlântico. Esses povos indígenas se distinguiam de vários outros povos das terras baixas da América do Sul por apresentarem uma organização social bem definida, distribuída em aldeias circulares que indicavam seu grau social ou de parentesco de acordo com o espaço ocupado. Além disso, os povos jês ainda disputavam territórios com os nativos locais, como os guaranis, após serem expulsos das regiões mais ao litoral.

Capítulo 2

Questões para revisão

1. A importância do Vice-Reino do Peru se deveu ao fato de que este era, inicialmente, o único responsável pela relação entre a Coroa Espanhola e as cidades coloniais sul-americanas. O Vice-Reino do Peru também era responsável pela fiscalização comercial e pela defesa de toda a região. A centralidade litorânea de Lima na colônia espanhola – protegida pela Cordilheira dos Andes – tornou a cidade eficiente na busca pelos interesses da metrópole para escoar a maior parte dos produtos coloniais nos séculos XVI, XVII e em parte do XVIII.

2. Na Mesoamérica, as investidas britânicas conquistaram o atual território de Belize e de muitas das ilhas caribenhas. Dada a extensão territorial do Vice-Reino da Nova Espanha, muitas regiões não receberam investimentos – ou atenção – necessários para que pudessem desenvolver-se e contribuir com a economia espanhola. Percebendo uma oportunidade, as potências estrangeiras passaram a investir contra as forças espanholas – quando presentes – nessas regiões. Já no Caribe, ilhas como Hispaniola foram conquistadas

dos espanhóis por suas concorrentes, como a França. Tanto Belize como Haiti (que ocupa a metade oeste da ilha Hispaniola) foram territórios perdidos da Coroa Espanhola para os britânicos e os franceses – mas não seriam os únicos. A ocupação das atuais Ilhas Cayman, da Jamaica, das Bahamas, da Martinica, de Guadalupe, de Anguilla, das Ilhas Virgens, de Turks e de Caicos, entre outros territórios ocupados pela Holanda e pela Dinamarca, marcou o declínio territorial do Vice-Reino do Caribe.

3. b
4. d
5. d

Questões para reflexão

1. A escolha de Salvador como capital da colônia permitiu que o desenvolvimento administrativo das capitanias fosse submetido a um único poder centralizador – além de ser uma forma de diminuir poderes locais, visto que Pernambuco detinha a maior produção agrícola. Ao escolher uma cidade distante o suficiente do centro econômico, mas ao mesmo tempo perto o bastante para manter a vigilância, Portugal separou a formação de elites econômicas das elites políticas, o que dificultou a conciliação de interesses contra a metrópole.

2. Os territórios das civilizações maia, asteca e tantas outras da região passaram para o domínio espanhol dos Habsburgos, que se utilizaram das estruturas construídas pelos antigos povos, como entrepostos e estradas, para expandir e manter a estabilidade no vice-reino. Tendo de se organizar entre dois ramos dinásticos (o espanhol e o austríaco), os Habsburgos se mantinham em uma dinâmica política que sobrevivia em razão de ambos os ramos terem certa autonomia em seus respectivos territórios dentro da Europa, mas sem perder sua unidade. Por experiência política própria, os Habsburgos da Espanha acabaram permitindo certo grau de autonomia e liberdade às administrações coloniais do Vice-Reino da Nova Espanha.

3. Em 1717, o governo espanhol criou o Vice-Reino da Nova Granada – atuais territórios da Venezuela, Colômbia, Equador, Panamá e parte do Peru, Guiana, Trinidad e Tobago e Brasil. Santa

Fé de Bogotá, atual capital da Colômbia, tornou-se a cidade administrativa do vice-reino. A autonomia foi dada a essa nova região para facilitar a administração regional pela Espanha e diminuir o poder centralizador que crescia em Lima. Na região, a Espanha explorava, além de recursos naturais, como o ouro, a produção de açúcar e cacau. Sua criação aumentou também a população dos *criollos*, a qual acabou se fortalecendo não só no Vice-Reino da Nova Granada como em todas as regiões exploradas pela Espanha. Suas identidades mescladas com a cultura da região e os interesses econômicos próprios também contribuíram para o descontentamento com as decisões unilaterais vindas da Europa.

Capítulo 3

Questões para revisão

1. O Peru teve seu processo de independência em 1824 como consequência da própria fragmentação política regional. A independência peruana foi resultado de um lento processo de desentendimento entre a elite *criolla* e o Império Espanhol. José de San Martín, da Argentina, com ajuda das tropas de Simon Bolívar, proclamou a independência peruana em 28 de julho de 1821. Entretanto, a emancipação, que, como na maioria dos países, só fez mudar o domínio dos nativos da esfera real para o controle da elite local, finalmente ocorreu em dezembro de 1824, quando o General Antonio José de Sucre derrotou as tropas espanholas na Batalha de Ayacucho. Entre 1840 e 1860, o Peru desfrutou de um período de estabilidade sob a presidência de Ramón Castilla, por meio do aumento da receita do Estado com as exportações de guano. No entanto, em 1870, esses recursos foram desperdiçados, o país ficou pesadamente endividado e a luta política voltou a intensificar-se. A Espanha ainda tentou reaver suas colônias americanas, como fizera na Batalha de Callao, mas, em 1879, acabou por reconhecer a independência peruana.

2. Um dos fatores para que o Brasil não seguisse a onda de fragmentação territorial hispânica foi o sistema imposto no país durante os séculos XVII e XVIII. O Brasil Colônia nunca desfrutou das grandes estruturas administrativas da América espanhola, como os Vice-Reinos da Nova Espanha e do Peru. Esses sistemas administrativos

as elites locais, que, quando independentes, buscaram seus próprios interesses, já estabelecidos no período ual. No Brasil, o poder e os interesses das elites sempre foram ₅orosamente centralizados pela Coroa Portuguesa. A forte dependência de subsistência entre as regiões da colônia, por meio de um intenso fluxo intercomunicativo – promovido pela exploração da agropecuária expansiva, pela busca de recursos minerais e pelas ligações fluviais e marítimas – criava um cenário de submissão às políticas centradas na capital. Soma-se a essa característica a própria identidade da elite. Diferentemente da elite econômica espanhola que nascia na América, fato que ocasionava a perda de parte de seus direitos como cidadãos espanhóis, no Brasil, os que aqui nasciam livres gozavam dos mesmos direitos que seus compatriotas na Europa; alguns tinham a possibilidade de estudar nas universidades e visitar a capital sem grandes barreiras. Essa identidade portuguesa também se colocou como um dos desafios ao crescimento de uma identidade local desvinculada de Portugal

3. a
4. b
5. c

Questões para reflexão

1. Esses acordos não permitiam que Cuba – onde essa questão constitucional ficou conhecida como *Emenda Constitucional Platt* – e Porto Rico gozassem de soberania plena. Essa situação manteve as duas nações (Cuba, no Caribe, e Porto Rico, na Mesoamérica) sob os interesses e as influências estadunidenses. Com uma economia agrícola muito sustentada na produção de açúcar e de tabaco, Cuba só reverteu essa situação com a Revolução Cubana, em 1959, posteriormente apoiada pela União Soviética, enquanto Porto Rico até hoje se mantém sob a orientação estadunidense.

2. A tomada da independência do Haiti à força pelos escravos descendentes de povos africanos se mostrou um perigo à estrutura social escravocrata na região, causando reações por quase 60 anos, como os bloqueios comerciais feitos pelos Estados Unidos, país recém-independente, mas ainda dependente da mão de obra escrava nas

lavouras do sul. Esse bloqueio, todavia, não foi feito apenas pelos estadunidenses, mas também pela França, que só terminaria seu bloqueio comercial depois de o governo haitiano de Jean-Pierre Boyer aceitar pagar uma dívida de compensação de 150 milhões de francos, a qual, sob intensas negociações, foi diminuída para 90 milhões de francos. Essa condição acabou por comprometer a produção e as riquezas do novo Estado latino por gerações. Além da França, sua ex--metrópole, a parte leste da ilha de Hispânia, que estava sob controle espanhol, também tinha sido libertada pelo Haiti.

3. A Campanha do Deserto, ou Conquista do Deserto, foi um dos principais acontecimentos do início da República Argentina. O evento consistiu em uma campanha militar realizada pelo general e, posteriormente, presidente Julio Argentino Roca, contra os povos nativos mapuche, tehuelche e ranquel, a fim de obter o domínio territorial da região do Pampa e da Patagônia Oriental, ambas então sob controle indígena.

Capítulo 4

Questões para revisão

1. Durante os governos militares, o país foi regido pelo Estatuto da Revolução Argentina em substituição a uma Constituição. Com a instauração do regime militar, ocorreram a proibição e a extinção dos partidos políticos, assim como foram proibidas manifestações e a participação política da população de forma direta. O regime foi marcado pela repressão, pela falta de direitos civis e pelo estado de sítio, que vigorou praticamente durante todo o período.

2. No Brasil, o populismo teve início na década de 1930, tendo como base o clientelismo da Primeira República, durante o governo de Getúlio Vargas. O fenômeno do populismo no Brasil estava elencado no projeto modernizador do país por via da industrialização e na figura de Vargas como o benfeitor da classe trabalhadora. Ao produzir leis de proteção e benefícios aos trabalhadores, Vargas ganhou o apoio das classes populares e manteve-se na política nacional. Todavia, a implementação de um regime trabalhista não acabou com as relações desiguais entre Estado e sociedade,

nte no que se refere às classes trabalhadoras, que, apesar
adquirido direitos trabalhistas, foram proibidas de se orga-
n em sindicatos não autorizados pelo governo. Essa medida
um meio de conter a ameaça comunista. O anticomunismo e a
epressão aos opositores marcaram os dois governos de Vargas.

. c
4. a
5. d

Questões para reflexão

1. A Revolução Mexicana pode ser caracterizada como um conflito marcado pela participação de setores populares urbanos e rurais que reivindicavam a reforma agrária, a devolução de terras indígenas aos índios, bem como garantias trabalhistas no início do século passado.

2. No final da década de 1960, surgiu o Pacto Andino, atual Comunidade Andina de Nações (CAN). Por meio do Acordo de Cartagena, realizado em 1969 e fruto da insatisfação de alguns participantes da Associação Latino-Americana de Livre Comércio (Alalc) – que se queixavam de que os mecanismos reguladores utilizados e a falta de políticas compensatórias de perdas para os países com menos infraestrutura dificultavam seu pleno funcionamento –, a CAN reuniu as nações com antigos laços regionais.

3. A teoria da dependência trouxe a proposta de entender a reprodução do sistema econômico capitalista e as relações entre a produção dos países periféricos e a dos países desenvolvidos, as quais refletiriam no desenvolvimento político, econômico e social desses países, de forma que o desenvolvimento de algumas nações estaria condicionado ao desenvolvimento e à expansão de outras. Para essa vertente teórica, o subdesenvolvimento e o desenvolvimento não são fases complementares de um processo evolutivo, mas distintas e contrapostas. Assim, as relações estruturais de dependência iriam além do campo das relações mercantis, configurando-se também no movimento internacional de capitais, em especial na figura dos investimentos diretos estrangeiros e na dependência tecnológica.

SOBRE OS AUTORES

Ana Paula Lopes Ferreira tem graduação em Relações Internacionais pelo Centro Universitário Curitiba (Unicuritiba) e mestrado em Ciência Política pela Universidade Federal do Paraná (UFPR) e atualmente é doutoranda em Ciência Política pela Universidade Federal do Rio Grande do Sul (UFRGS). Tem se dedicado ao estudo da política brasileira, especificamente ao estudo das elites políticas numa perspectiva histórica, bem como aos estudos sobre processos de integração regional na América do Sul e política externa brasileira. A autora é ainda membro do corpo editorial da revista *Conjuntura Global*.

Leonardo Mèrcher tem graduação e especialização em Relações Internacionais pela Pontifícia Universidade Católica do Rio de Janeiro (PUC-Rio) e mestrado em Ciência Política pela Universidade Federal do Paraná (UFPR), instituição em que atualmente cursa doutorado. O autor tem, ainda, licenciatura em Artes pelo Centro Universitário Católico Claretiano (Ceuclar) e graduação em Escultura pela Escola de Música e Belas Artes do Paraná (Unespar), além de ser especialista em História Social da Arte e em Comunicação, Cultura e Arte pela Pontifícia Universidade Católica do Paraná (PUCPR). Desde 2012, é também editor executivo da revista *Conjuntura Global*.

Os papéis utilizados neste livro, certificados por instituições ambientais competentes, são recicláveis, provenientes de fontes renováveis e, portanto, um meio **respons**ável e natural de informação e conhecimento.

Impressão: Reproset
Julho/2023